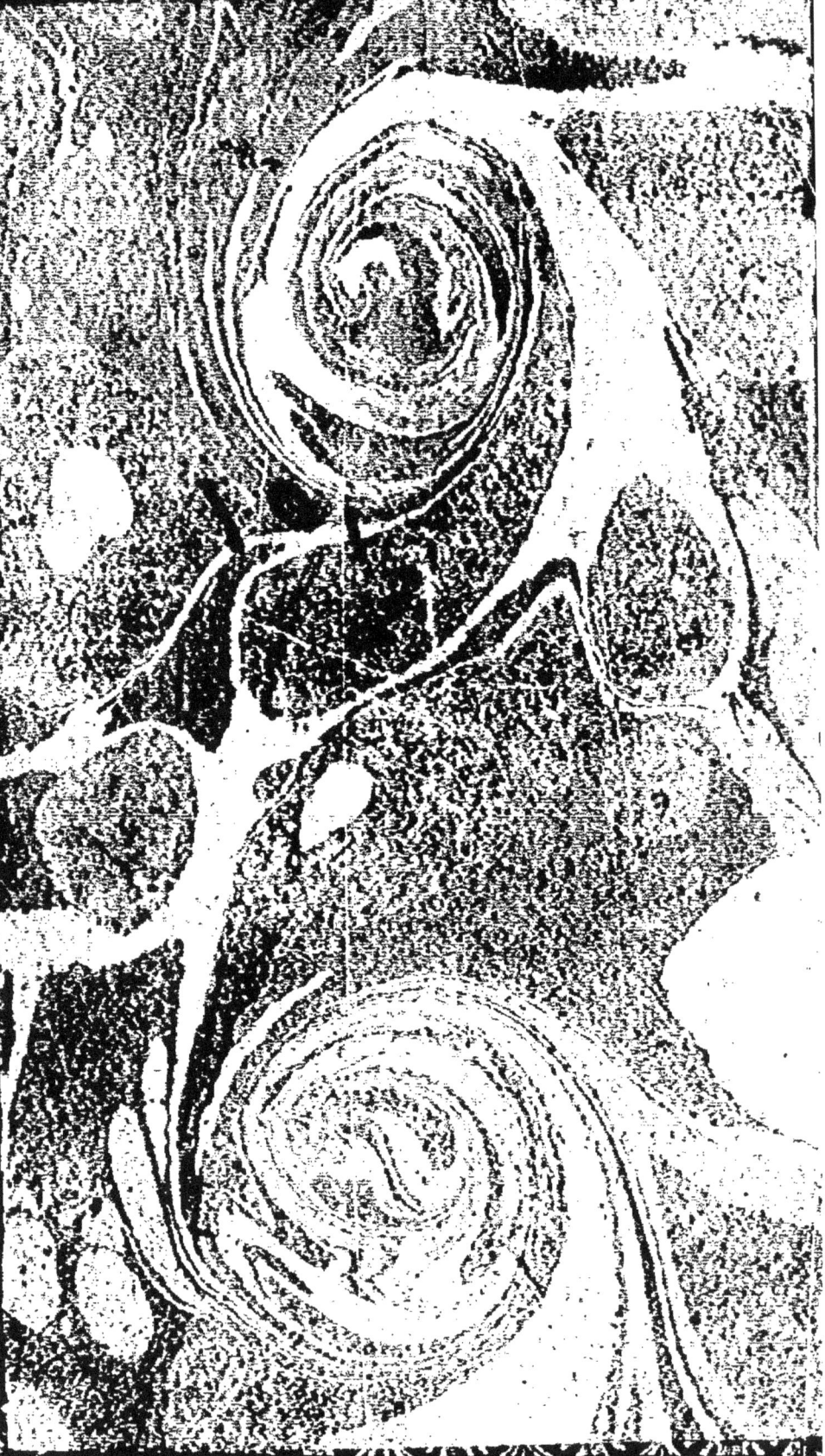

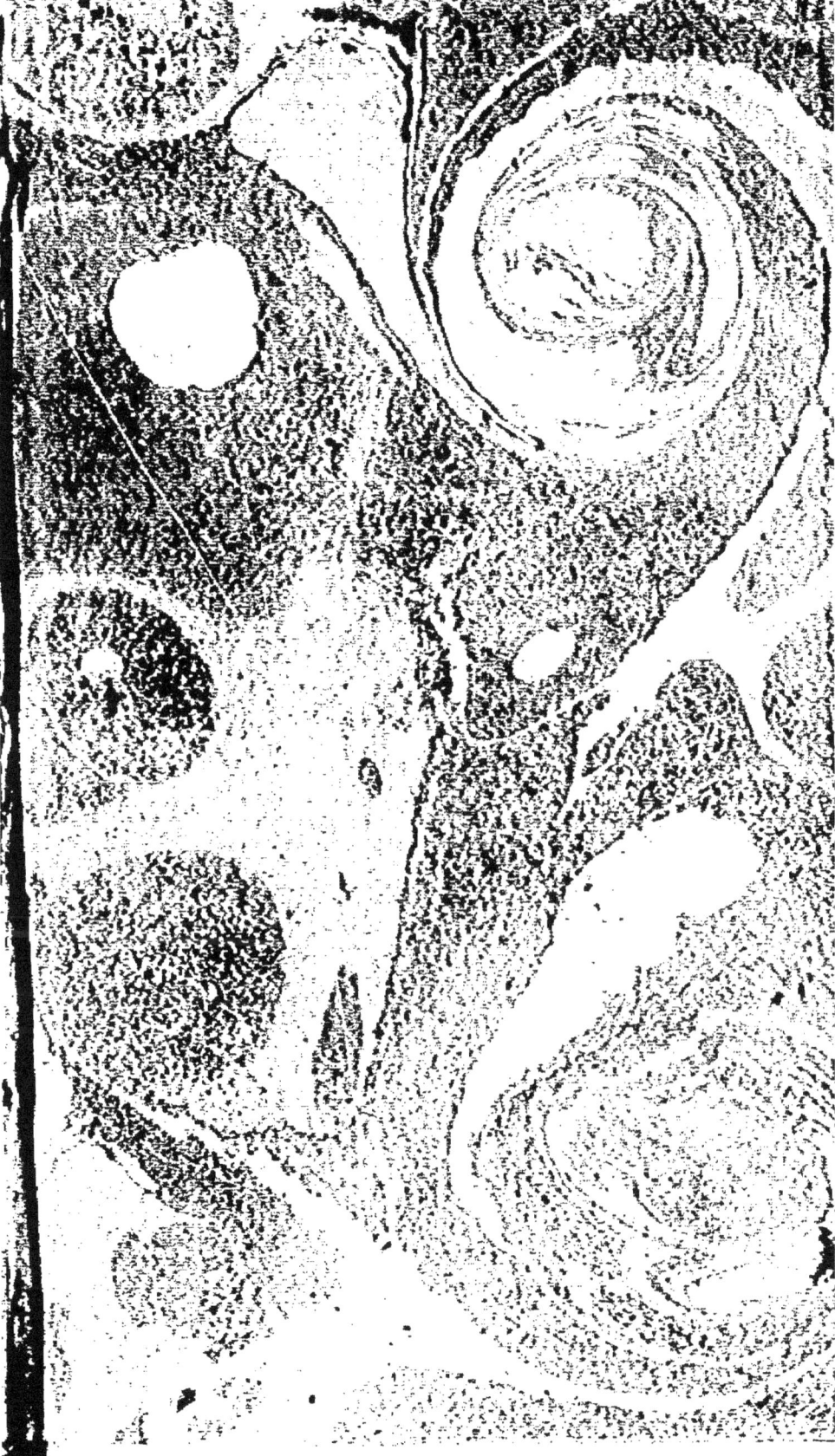

Y 5545
H#c.2.

Yf 4221

OEUVRES
DE
M. DE FLORIAN.

A PARIS,

Chez Didot l'aîné, rue Pavée S. André,
De Bure, quai des Augustins.

J. Flouest inv. J. B. Guyard sculp.

Tous les genres sont bons, hors le genre ennuyeux.

Fr. de Neufchateau.

THÉATRE ITALIEN
DE
M. DE FLORIAN,

Capitaine de dragons et gentilhomme de S. A. S. Mgr le duc de Penthievre; des académies de Madrid et de Lyon.

TOME SECOND.

C'est là tout mon talent, je ne sais s'il suffit.
LA FONTAINE, V. 1.

A PARIS,
DE L'IMPRIMERIE DE DIDOT L'AÎNÉ.
M. DCC. LXXXIV.

JEANNOT ET COLIN;

COMÉDIE

EN TROIS ACTES, EN PROSE,

Représentée pour la premiere fois par les Comédiens Italiens ordinaires du Roi, le mardi 14 novembre 1780.

A MADAME
DU VIVIER,
NIECE DE M. DE VOLTAIRE.

MADAME,

Je vous dois l'hommage de cette comédie à plus d'un titre : j'en ai pris le sujet dans monsieur de Voltaire, et vous avez bien voulu m'aider de vos conseils. Pardonnez si je n'en ai pas mieux profité ; ce n'est pas faute d'en avoir senti le prix : je sais qu'un grand homme, qui n'en recevoit que de son génie, ne les dédaignoit pas. Je me consolerai de n'avoir point de génie, tant que votre amitié m'en tiendra lieu.

Vous savez mieux que moi, MADAME, que l'on pouvoit tirer un plus grand parti de ce conte charmant, où monsieur de Voltaire a peint avec des couleurs si vraies la sottise des parvenus et la bassesse de leurs flatteurs. En admirant son tableau, j'ai senti qu'il étoit au-dessus de mes forces, et peut-être de mon âge, de le porter sur la scene; mais l'amour, l'amitié, sont de mon âge, et, j'ose dire, de mon cœur : je ne me suis attaché qu'à peindre ces deux sentiments; heureusement pour moi, votre goût a dirigé ma sensibilité.

Tout foible qu'il est, j'ose vous offrir mon premier ouvrage; il a, du moins, le mérite d'avoir été créé par cet homme immortel que je vous ai vue si souvent pleurer. Souvenez-vous qu'il daigna m'aimer ; souvenez-vous encore que vous m'avez donné la main pour soutenir mes premiers pas. Vous avez contracté l'obligation de toujours m'instruire, comme moi celle de toujours vous chérir.

Je suis avec respect,

MADAME,

votre très humble et très obéissant serviteur
FLORIAN.

PERSONNAGES.

JEANNOT, marquis.
COLIN, bourgeois.
COLETTE, sœur de Colin.
LA MERE DE JEANNOT, marquise.
LA COMTESSE D'ORVILLE.
DURVAL, gouverneur du marquis.
L'ÉPINE, valet du marquis.
UN MAÎTRE-D'HÔTEL.

La scene est à Paris, dans le salon de la marquise.

JEANNOT ET COLIN,
COMÉDIE.

ACTE PREMIER.

SCENE PREMIERE.
COLIN, COLETTE, L'ÉPINE.

L'ÉPINE.

Il est à peine jour chez madame la marquise ; attendez dans ce salon : je vous avertirai lorsque vous pourrez voir madame.

COLIN.

Vous voudrez bien lui dire que ce sont deux personnes pour qui elle avoit de l'amitié dans le temps qu'elle demeuroit en Auvergne. Si elle vous demande leurs noms, vous direz que c'est Colin et Colette : elle s'en souviendra sûrement.

L'ÉPINE.

Monsieur Colin et mademoiselle Colette qu'elle a connus en Auvergne : cela suffit. (Il sort.)

SCENE II.

COLIN, COLETTE.

COLETTE.

Comme tout ceci est magnifique ! Jeannot ne nous reconnoîtra plus ; il est devenu trop riche pour se souvenir de ceux qui l'ont vû pauvre.

COLIN.

Il seroit donc bien changé, ma sœur : il étoit si bon, si sensible, lorsque nous habitions ensemble notre petite ville !

A peine y a-t-il un an qu'il nous a quittés ; il faut plus d'un an pour corrompre un cœur honnête.

COLETTE.

L'amour auroit dû préserver le sien : mais il ne m'aime plus, j'en suis sûre. Te souviens-tu de la maniere dont il me quitta, lorsque sa mere l'envoya chercher en Auvergne ? Comme il fut enivré de sa nouvelle fortune, et d'entendre ses domestiques l'appeller monsieur le marquis ! Il nous dit adieu presque sans pleurer ; il monta dans sa brillante voiture sans retourner la tête vers moi, que tu soutenois à peine, et dont les yeux le suivirent.... même quand je ne le vis plus. Mon frere, il a oublié la malheureuse Colette ; il ne pense plus aux serments que nous nous sommes faits de n'être jamais que l'un à l'autre ; serment qu'il a écrit, que je conserve, et que je lui rendrai :

ces écritures-là perdent tout leur prix quand on ne les lit plus ensemble.

SCENE III.

COLIN, COLETTE, L'ÉPINE.

L'ÉPINE.

MADAME la marquise s'habille; elle vous fait dire que si vous voulez la voir, vous preniez la peine d'attendre.

COLIN.

Nous attendrons. Monsieur le marquis son fils est-il chez lui?

L'ÉPINE.

Non, il est sorti de grand matin.

COLIN.

A quelle heure pourrions-nous le trouver?

L'ÉPINE.

Il n'est pas habillé : ainsi revenez

ACTE I, SCENE III.

à une heure, vous pourrez peut-être lui parler.

COLIN.
Nous reviendrons sûrement.

COLETTE.
Monsieur, c'est un bien grand seigneur, que monsieur le marquis?

L'ÉPINE.
Sûrement, mademoiselle; c'est mon maître. Sans vanité, c'est l'homme le plus aimable de Paris; toutes les jolies femmes se le disputent, et ne sont occupées que de lui plaire : je ne doute pas qu'un de ces jours il ne fasse un très grand mariage, et que....

COLIN.
Vous voudrez bien nous avertir, lorsque nous pourrons voir madame.

L'ÉPINE.
Oui, oui; soyez tranquilles.

(Il sort.)

SCENE IV.

COLIN, COLETTE.

COLIN.

Du courage, ma sœur ! tu as voulu me suivre à Paris pour t'assurer par toi-même de l'infidélité de Jeannot : nous allons le voir, nous allons le juger ; s'il a cessé de t'aimer, ton mépris pour lui doit te rendre à toi-même et à la raison.

COLETTE.

Ah ! mon frere, si vous saviez combien il en coûte pour mépriser celui qu'on aime !

COLIN.

Il m'en coûteroit autant qu'à toi ; mon amitié pour Jeannot est aussi vive que ton amour. Je ne me dissimule pas ses torts : depuis six mois ses lettres sont devenues plus rares et moins tendres : mais il est bien jeune ; il a été transporté tout-d'un-coup d'une vie simple et paisible dans le tourbillon du monde et de ses plaisirs ; il peut s'être laissé enivrer malgré lui ; ne le jugeons pas sans l'avoir vu. Plus nous l'aimons, plus nous avons besoin de preuves pour cesser de l'estimer.

COLETTE.

Il est vrai qu'il sera toujours assez temps de le haïr.

COLIN.

Sa mere m'inquiete plus que lui : elle ignore les engagements de son fils avec toi ; et l'on dit que son immense fortune lui a donné un orgueil insupportable.

COLETTE.

Mais comprends-tu cette fortune acquise en si peu de temps ? A peine y a-t-il quatre ans que la mere de Jeannot habitoit notre petite ville. Elle étoit alors une simple bourgeoise bien moins riche que nous ; mon pere ne trouvoit pas son fils un assez bon parti pour moi. Madame la marquise n'étoit pas marquise alors ; et quand nous allions la voir, elle ne nous faisoit pas attendre.

COLIN.

Que veux-tu, Colette ! elle a fait fortune : il n'y a rien à répondre à ce mot-là.

COLETTE.

Explique-moi ce que c'est que faire fortune. Comment des gens qui n'ont rien parviennent-ils à avoir quelque chose ? ils prennent donc à ceux qui en ont ?

COLIN.

Pas toujours. Ce matin j'ai vu quelqu'un de notre ville établi ici depuis long-temps ; il m'a raconté comment la mere de Jeannot avoit acquis ses richesses. Tu te souviens qu'elle fut obligée de venir à Paris pour des affaires ; elle y trouva un de ses parents immensément riche qui la prit en amitié, et la fit jouir de sa fortune : ce parent est mort il y a six mois, et lui a laissé tout son bien.

COLETTE.

Ce parent avoit bien affaire de lui laisser son bien ! il est cause que j'ai perdu le mien.

COLIN.

La voici.

SCENE V.

COLIN, COLETTE, LA MARQUISE.

LA MARQUISE.

Eh! bon jour, mes enfants; je ne m'attendois guere à votre visite. Par quel hasard êtes-vous à Paris?

COLIN.

Les affaires de mon commerce m'y ont appellé, madame; ma sœur a voulu être du voyage. Nous sommes ici pour bien peu de temps; mais nous n'en partirons point sans avoir vu notre bon ami Jean... monsieur le marquis.

LA MARQUISE, à part.

Son bon ami! l'impertinent! (haut.) Mon fils est sorti, je crois.

COLIN.

Oui, madame; on nous l'a dit: nous ne sommes pas fâchés que notre pre-

ACTE I, SCENE V.

mière visite soit pour vous toute seule.

LA MARQUISE.

Comment! Colin, tu me fais des compliments! Mais dis-moi ce que tu viens faire ici. Je m'en doute, tu as compté sur ma protection: si je le peux, je te rendrai service. Et ton vieux pere, comment se porte-t-il?

COLIN.

J'ai eu le malheur de le perdre, madame: je suis à présent à la tête de sa manufacture; et mes affaires vont assez bien pour que je ne sois venu chercher dans votre maison que le plaisir de vous voir.

LA MARQUISE.

Tant mieux pour toi, mon enfant! Ta sœur a l'air bien triste. Paris ne la réjouit pas?

COLETTE.

Non, madame : j'espere le quitter bientôt.

LA MARQUISE.

Vous ferez bien ; cette ville-ci est dangereuse à votre âge. Adieu : je ne me gêne pas avec vous, j'ai besoin d'être seule ; nous causerons plus long-temps une autre fois.

(Colin et Colette la saluent : elle leur fait un signe de tête.)

COLIN, à part.

Dieu veuille que son fils ne lui ressemble pas! *(Ils sortent.)*

SCENE VI.

LA MARQUISE, seule.

L'IMPORTANCE de monsieur Colin est plaisante... Holà! quelqu'un.

SCENE VII.
LA MARQUISE, L'ÉPINE.

LA MARQUISE.

Allez savoir des nouvelles de madame la comtesse d'Orville : vous lui demanderez si elle nous fera l'honneur de venir dîner avec nous; vous lui direz que nous serons seuls, pour pouvoir parler d'affaires. Sachez auparavant si le gouverneur de mon fils est ici.

L'ÉPINE.

Le voilà, madame. (Il sort.)

SCENE VIII.

LA MARQUISE, DURVAL.

LA MARQUISE.

Je vous croyois sorti, monsieur Durval.

DURVAL.

Je n'ai pas voulu suivre monsieur le marquis, de peur que madame n'eût besoin de moi pendant ce temps-là.

LA MARQUISE.

J'ai toujours besoin de vos conseils, vous le savez bien ; depuis que je vous ai confié l'éducation de mon fils, je n'ai rien fait sans votre avis, heureusement pour moi.

DURVAL.

Mon zele et mon attachement m'ont tenu lieu de lumieres.

LA MARQUISE.

J'ai un grand secret à vous confier : je vais marier le marquis. Vous savez combien je suis liée avec la comtesse d'Orville ; c'est une veuve, jeune, jolie, et d'une des premieres maisons du royaume ; elle est cousine du ministre. Madame d'Orville, par amitié pour moi, et pour achever de liquider ses biens, épouse le marquis, et lui apporte pour dot la promesse d'un régiment. J'ai conclu hier ce mariage. Vous ne pensez pas que mon fils y ait la moindre répugnance ?

DURVAL.

Madame, je craindrois que le mot de mariage n'effrayât son goût trop vif pour l'indépendance et la dissipation : mais le plaisir d'être colonel l'emportera sur tout.

LA MARQUISE.

Je l'espere, monsieur Durval. Ce

n'est pas la seule affaire qui m'occupe : avez-vous été chez mon avocat ?

DURVAL.

Oui, madame ; votre procès est sur le point d'être jugé : mais il m'a chargé de vous répéter que vous n'aviez rien à craindre.

LA MARQUISE.

Je suis tranquille : quoique ce procès soit important, je n'ai pas voulu en parler à madame d'Orville, par la certitude où je suis de le gagner.

DURVAL.

Je reconnois bien là madame la marquise ; son amitié prudente sait épargner des alarmes inutiles.

LA MARQUISE.

Je suis bien aise que vous pensiez comme moi. Sans vous, monsieur Durval, je ne serois jamais sûre de rien. Voici mon fils ; je vais lui faire part de tous mes projets.

SCENE IX.
LA MARQUISE, LE MARQUIS, DURVAL.

LE MARQUIS.

Bonjour, ma mere. Je viens d'acheter le plus joli cabriolet du monde : s'il m'étoit resté de l'argent, j'aurois pu avoir le plus beau cheval de Paris; mais les barbares n'ont pas voulu me faire crédit.

LA MARQUISE.

Mon ami, j'ai à te parler d'affaires sérieuses.

LE MARQUIS, *riant*.

Vous m'effrayez, ma mere.

LA MARQUISE.

Serois-tu bien aise d'être colonel?

LE MARQUIS.

Colonel ! Ce seroit le bonheur de

ma vie. J'aurois tant de plaisir à rejoindre mon régiment ! le manege, les manœuvres, tout cela doit être charmant. On passe l'été dans une ville de guerre ; l'hiver, on revient à Paris jouir des plaisirs de la capitale : on a l'air de se reposer ; et l'on s'est toujours diverti.

LA MARQUISE.

Eh bien ! tu connois la comtesse d'Orville ; j'ai arrêté ton mariage avec elle. (Le marquis rêve.) Elle se charge de t'avoir une compagnie de dragons dès aujourd'hui, et la promesse d'un régiment aussitôt que tu auras l'âge. Voilà nos conditions ; j'ai répondu de ton aveu.

DURVAL.

Ah ! quelle mere vous avez, monsieur le marquis !

LA MARQUISE.

A quoi pensez-vous donc, mon fils ?

LE MARQUIS.

A tout ce que je vous dois, ma mere ; chaque événement heureux qui m'arrive est toujours un bienfait de vous. J'aurois desiré ne pas me marier encore...

LA MARQUISE.

Mon ami, c'est à ce mariage que tu devras ta fortune : le mérite n'est rien sans protection. D'ailleurs, ma parole est donnée, tout est arrangé, et j'ai déjà commandé tes habits de noces.

SCENE X.

LE MARQUIS, LA MARQUISE, DURVAL, L'ÉPINE.

L'ÉPINE.

Madame la comtesse d'Orville remercie madame ; elle aura l'honneur

de venir dîner avec elle aujourd'hui.
LA MARQUISE.
C'est bon. (L'Épine sort.)

SCENE XI.
LE MARQUIS, LA MARQUISE, DURVAL.

LA MARQUISE.

C'est pour dîner avec toi, et pour causer de nos affaires : afin de n'être point dérangés, je vais faire fermer ma porte... A propos, j'oubliois de te parler d'une visite que je viens d'avoir, et que tu auras sûrement.

LE MARQUIS.
Qui donc ?

LA MARQUISE.
Devine.

LE MARQUIS.
Comment voulez-vous que je de-

ACTE I, SCENE XI.

vine? Ce ne sont pas encore les officiers du régiment que j'aurai?

LA MARQUISE.

Non : c'est Colin et Colette.

LE MARQUIS, ému.

Colette?

LA MARQUISE.

Oui : Colin et Colette d'Auvergne ; cette petite Colette dont tu me parlois tant dans les commencements de ton séjour ici.

LE MARQUIS.

Ils sont à Paris?

LA MARQUISE.

Eh oui : je les ai vus. Quel air as-tu donc? Cela t'attriste?

LE MARQUIS.

Non, ma mere. Vous ont-ils parlé de moi?

LA MARQUISE.

Beaucoup : ils t'appellent leur cher ami.

DURVAL.

Oserai-je demander à madame la marquise ce que c'est que ce Colin et cette Colette?

LA MARQUISE.

Colin est un petit bourgeois qui venoit profiter des maîtres de mon fils lorsque nous habitions l'Auvergne... Mais madame d'Orville arrivera de bonne heure ; il est temps de vous habiller, mon fils : je vous laisse. Monsieur Durval, voulez-vous me rendre un service? J'ai des papiers intéressants que mon procureur devoit venir prendre : allez le voir, je vous en prie ; vous les lui porterez. Je vous demande pardon si...

DURVAL.

Madame, en m'employant pour vous, c'est m'obliger à la reconnoissance.

(Ils sortent.)

SCENE XII.

LE MARQUIS, seul.

Colette est ici : je vais la revoir. Colette que j'ai tant aimée...... qui m'aime encore, j'en suis sûr! Et dans quel moment revient-elle ! Je ne la verrai point, je ne pourrois soutenir ses reproches ; tout mon amour renaîtroit peut-être, et je serois le plus malheureux des hommes..... Que diroit ma mere ; ma mere à qui je dois tout... je la ferois mourir de douleur. Non, Colette, non, je ne vous verrai point : l'émotion que votre nom seul m'a causée me fait trop sentir qu'il ne faut pas vous revoir.

SCENE XIII.

LE MARQUIS, L'ÉPINE.

L'ÉPINE.

Monsieur le marquis veut-il s'habiller?

LE MARQUIS.

Écoute, l'Épine: as-tu vu ce jeune homme qui est venu ce matin avec sa sœur?

L'ÉPINE.

Qui? Monsieur Colin et mademoiselle Colette?

LE MARQUIS.

Tu leur as parlé?

L'ÉPINE.

Oui : monsieur Colin m'a demandé quand il pourroit vous voir; je lui ai dit de revenir à une heure.

LE MARQUIS.

Vous avez mal fait. S'ils reviennent, l'Épine, tu leur diras que je n'y... Ah! que cette visite m'inquiete et m'embarrasse!

L'ÉPINE.

Que faudra-t-il leur dire?

LE MARQUIS.

C'est Colin qui m'a demandé? Elle n'a rien dit, elle?

L'ÉPINE.

Qui? sa sœur?

LE MARQUIS.

Eh oui.

L'ÉPINE.

Oh! non; elle étoit si triste! Elle m'a seulement demandé si vous étiez un grand seigneur. Je crois, monsieur, que cette fille-là vient implorer votre protection pour quelque malheur qui lui est arrivé; car en sortant elle étoit en larmes.

LE MARQUIS.

Elle étoit en larmes ?

L'ÉPINE.

Oui : cela m'a fait peine ; elle a un petit air si doux, si intéressant ! vous ferez bien de lui rendre service, si vous le pouvez.

LE MARQUIS.

Ah ciel !

L'ÉPINE.

Qu'avez-vous donc, monsieur ? Je ne vous ai jamais vu aussi agité.

LE MARQUIS.

Mon pauvre l'Épine, si tu savois combien je crains de la revoir !

L'ÉPINE.

Qui ? mademoiselle Colette ?...... Ah ! je commence à comprendre ; c'est une vieille connoissance que vous voudriez ne plus reconnoître. Eh bien ! monsieur, rien n'est si aisé : quand elle reviendra, je lui dirai que vous êtes sorti.

LE MARQUIS.

Non, il seroit affreux de me cacher. Je la verrai, je lui parlerai; elle sentira bien qu'il m'est impossible de désobéir à ma mere. Oui, mon ami, j'ai adoré Colette, je lui ai promis de l'épouser : mais Colette est une simple bourgeoise ; juge si ma mere consentiroit jamais....

L'ÉPINE.

Madame votre mere? Elle aimeroit mieux vous voir mourir que de vous voir déroger. Mais écoutez, monsieur; je crois qu'il y auroit maniere de s'arranger. J'ai une morale qui m'a toujours tiré de par-tout : raisonnons. On ne risque jamais de mal faire en remplissant tous ses devoirs. D'après cela, n'épousez point mademoiselle Colette, parceque ce seroit manquer à ce qu'un fils doit à sa mere ; ensuite, pour réparer vos torts envers mademoiselle Colette, faites-lui partager votre fortune, donnez-lui une bonne maison; en un mot...

LE MARQUIS.

Taisez-vous : je vous chasserois tout-à-l'heure si vous connoissiez Colette.

L'ÉPINE.

Monsieur, je ne dis plus mot : mais quand mademoiselle Colette viendra, que lui dirai-je?

LE MARQUIS.

Je n'en sais rien : venez m'habiller.

FIN DU PREMIER ACTE.

ACTE II.

SCÈNE PREMIÈRE.

LE MARQUIS, seul, sa montre à la main.

Il est près d'une heure : Colette ne tardera pas. Chaque minute qui s'écoule augmente mon incertitude. L'Épine...

SCÈNE II.

LE MARQUIS, L'ÉPINE.

L'ÉPINE, dans la coulisse.

Monsieur?

LE MARQUIS.

Et venez donc.

L'ÉPINE, paroissant.

Me voilà, monsieur.

LE MARQUIS.

Elle va venir.

L'ÉPINE.

Oui, monsieur.

LE MARQUIS.

Je ne veux pas la voir; je me perdrois, j'en suis sûr.

L'ÉPINE.

Eh bien! monsieur, restez dans votre appartement; je la recevrai, moi, je m'en charge.

LE MARQUIS, à part.

Me cacher pour ne pas la voir! elle à qui j'ai juré tant de fois de l'aimer toute ma vie!

L'ÉPINE.

Oh! si l'on se mettoit sur le pied de tenir toutes ces promesses-là, qui diable pourroit y suffire?

LE MARQUIS, à part.

Et Colin, le bon Colin qui m'aimoit tant, qui m'appelloit son frere, qui me serra dans ses bras lorsque je le quittai... voilà l'indigne réception que je lui prépare!

L'ÉPINE.

Monsieur...

LE MARQUIS.

Eh bien?

L'ÉPINE.

J'entends du bruit; sauvez-vous: les voilà; sauvez-vous donc.

LE MARQUIS.

Il n'est plus temps : que devenir?
(Colin et Colette paroissent.)

SCENE III.

LE MARQUIS, COLIN, COLETTE,
L'ÉPINE.

(Colin entre le premier, Colette le suit les yeux baissés, le marquis va à Colin sans oser regarder Colette.)

LE MARQUIS.

Ah! c'est vous, mon cher Colin!

COLIN.

Oui, c'est Colin : êtes-vous aussi celui que nous venons chercher?

LE MARQUIS, les yeux baissés.

Mon cœur est toujours le même.

COLIN.

Nous le desirons bien : mais faites retirer ce domestique ; à présent que vous êtes grand seigneur, nous n'oserons plus vous aimer devant le monde.

LE MARQUIS, à l'Épine.

Sortez.

SCENE IV.
LE MARQUIS, COLIN, COLETTE.
(Il se fait un moment de silence.)

LE MARQUIS, très embarrassé.

MA mere avoit oublié ce matin de s'informer de votre demeure; j'en ai été bien fâché.

COLIN, l'examinant.

Puisque nous savions la vôtre, vous étiez bien sûr de nous voir.

LE MARQUIS.

Ah! je vous vois trop tard.

COLETTE.

Plût au ciel ne l'avoir jamais vu!

(Il se fait encore un silence.)

COLIN.

Vous ne reconnoissez pas ma sœur?

LE MARQUIS.

Je suis le plus malheureux des hommes; je dépends de ma mere, ma fortune est son ouvrage : je lui dois tout, je lui dois même le sacrifice de mon bonheur. Ne me haïssez pas... Ne me méprisez pas... Si vous saviez...

COLIN.

Vous me faites pitié : croyez-moi, terminons un entretien pénible pour tous : vous craignez de nous reconnoître, et nous ne vous reconnoissons plus. Adieu.

(Ils s'en vont.)

LE MARQUIS.

Arrêtez, je vous supplie.

COLETTE, retenant Colin.

Mon frere, il veut vous parler.

LE MARQUIS.

Ayez pitié de moi, Colette ; ne m'accablez pas de votre mépris. Oui ; je sens bien que je l'ai mérité : la fortune, l'ambition m'ont aveuglé. J'ai manqué à l'amour, à l'amitié ; j'ai dé-

ACTE II, SCENE IV. 45

siré de vous oublier, j'ai voulu vous arracher de mon cœur : je le sais, je sais que je n'ai point d'excuse. Mais je me suis vu dans un nouveau monde, j'ai cédé au torrent qui m'entraînoit, à l'ascendant que ma mere a sur moi ; elle n'étoit occupée que d'éloigner tout ce qui pouvoit rappeller notre ancienne pauvreté ; elle me défendit de penser à vous.

COLETTE.

Lorsqu'autrefois vous étiez pauvre, et que je l'étois moins que vous, mon pere me défendit aussi de vous aimer : vous savez comment je lui obéis.

LE MARQUIS.

Ah ! croyez que votre image n'a pas quitté mon cœur. Dès que j'ai entendu prononcer votre nom, tout mon amour s'est réveillé ; votre présence acheve de me rendre à moi-même. En vous parlant, en vous regardant, je redeviens tel que vous m'avez vu : chaque coup-d'œil que vous jettez sur moi me rend une vertu que j'avois perdue; et dès que vous ouvrez la bouche, mon cœur palpite, comme autrefois quand vous étiez fâchée contre moi, et que j'attendois mon pardon.

COLETTE.

Qu'osez-vous rappeller?

LE MARQUIS.

Nos serments, notre amour; cet amour si tendre, si vrai, qui nous enflamma dès l'enfance, sans lequel nous ne fîmes jamais un seul projet de bonheur. Souvenez-vous, Colette, de nos premieres années, souvenez-vous que les premiers mots que nous avons prononcés ont été la promesse de nous aimer toujours.

COLETTE.

Hélas! qui de nous deux y a manqué?

ACTE II, SCENE IV.

LE MARQUIS.

Ce seroit vous, Colette, si vous m'abandonniez à présent, puisque je vous aime, puisque je vous chéris plus que jamais. Le voudriez-vous ? Parlez. Auriez-vous la force de me dire : Jeannot, je ne vous aime plus ?

COLETTE.

Jamais je ne prononcerai ce mot-là.

LE MARQUIS, à Colin.

Elle s'attendrit, mon ami ; demande-lui pardon pour moi.

(Il se jette dans les bras de Colin.)

COLIN, ému.

Ma sœur, il vient de m'embrasser comme il m'embrassoit autrefois.

LE MARQUIS.

Colette, mon ami, je suis encore digne de vous ; je le sens aux transports de mon cœur. Ah ! le don d'aimer est un présent que le ciel ne fait qu'une fois. J'ai si souvent regretté les jours tranquilles que nous passions ensemble ! j'ai si bien éprouvé que le bonheur n'est que dans l'amour et dans l'obscurité !

COLIN.

Mon ami, il ne tient qu'à toi d'en jouir encore. Reviens chez nous, tu trouveras assez de malheureux pour bien placer tes richesses; tu feras du bien; nous t'aimerons : ce sera jouir à la fois du bonheur des pauvres et des riches.

LE MARQUIS.

Plût au ciel que ma mere t'entendît avec l'émotion que tu me causes ! Mais ma mere n'est occupée que d'ambition : elle est bien malheureuse; elle ne songe jamais à ce qu'elle a, et toujours à ce qu'ont les autres. J'espere cependant la fléchir; je lui montrerai cette promesse de mariage que nous prenions plaisir à renouveller tous les

ACTE II, SCENE IV.

jours. Vous devez l'avoir, Colette.

COLETTE.

Je ne l'ai pas perdue : mais, depuis quelque temps, je n'osois plus la lire ; il me sembloit qu'elle me disoit du mal de vous.

LE MARQUIS.

Mon frere, mon amie, je vous jure de nouveau sur tout ce que j'aime, que je tiendrai ma parole. Je vais me jetter aux genoux de ma mere : je vais lui déclarer que j'en mourrai si je ne suis pas votre époux ; et que toute autre femme....

SCENE V.
COLIN, COLETTE, LE MARQUIS, LA MARQUISE.

LA MARQUISE.

Mon fils, on vient d'apporter vos habits de noces.

COLETTE.

Ó ciel!

LE MARQUIS.

Gardez-vous de croire...

COLETTE.

Vous me trompiez...

LE MARQUIS.

Le ciel m'est témoin...

LA MARQUISE.

Qu'avez-vous donc, mon fils? Et que signifient tant de secrets avec mademoiselle Colette? Ce n'est point la veille d'un mariage que l'on reçoit de pareilles visites. Et vous, monsieur Colin et mademoiselle, vous venez obséder mon fils : il n'a pas le temps de s'occuper de vous; je vous prie de le laisser en repos.

COLIN.

Oui, madame, oui; nous allons le laisser, soyez-en bien sûre. Viens, ma sœur, viens avec ton frere; puisse-t-il te tenir lieu de tout! (Ils sortent.)

LE MARQUIS court après eux.

Non; demeurez, je vous en conjure.

COLIN.

Vous auriez trop à rougir.

SCENE VI.

LE MARQUIS, LA MARQUISE.

LE MARQUIS.

MA mere, je vous respecte, je vous honore; mais vous me percez le cœur, mais vous vous dégradez vous-même. Eh! de quel droit osez-vous mépriser mes amis, mes égaux, les vôtres? Quels sont vos titres, ma mere? Leur naissance vaut la mienne, et leur cœur vaut mieux que le mien.

LA MARQUISE.

Est-ce vous qui parlez, mon fils? Est-ce bien vous qui osez?...

LE MARQUIS.

Oui, ma mere, j'ose vous dire que vos richesses ne sont rien, et que je les abhorre si elles m'ôtent le droit de disposer de moi-même.

LA MARQUISE.

Je t'entends : le voilà ce mystere que je craignois de découvrir. Que vous étiez bien né pour l'état vil d'où ma tendresse vous a tiré! vous en avez toute la bassesse. Vous aimez Colette, j'en suis sûre; vous rougissez de me le dire : mais...

LE MARQUIS.

Non, ma mere, non, je n'en rougis pas. J'aime Colette, je fais gloire de l'avouer; mon amour pour elle est presque aussi ancien dans mon cœur que ma tendresse pour vous. C'est en vain que j'ai voulu l'éteindre; grace au ciel, le peu de vertu qui me reste l'a emporté sur mon orgueil. J'ai promis à Colette de l'épouser, je tiendrai ma parole; mon honneur, ma félicité en dépendent : je préfere Colette, pauvre, simple et honnête, à toutes vos femmes, dont la richesse est la seule qualité.

LA MARQUISE.

Où en sommes-nous, grand dieu! Vous l'époux de Colette! Vous...

SCENE VII.
LA MARQUISE, LE MARQUIS, DURVAL.

DURVAL.

Votre procureur étoit au palais, madame, et j'ai...

LA MARQUISE.

Ah! monsieur Durval, venez à mon secours; venez entendre ce qu'il ose me dire: il veut épouser cette Colette dont je vous ai parlé; il veut faire le malheur et la honte de ma vie.

DURVAL.

Monsieur le marquis, songez donc à ce que vous êtes; songez...

LE MARQUIS.

Songez vous-même à ne pas vous mêler des affaires de mon cœur; depuis que je vous connois, il n'a jamais eu rien de commun avec vous.

LA MARQUISE.

C'en est trop, ingrat : voilà donc le prix de tout ce que j'ai fait! Je n'ai vécu que pour toi, j'ai tout sacrifié pour toi; et au moment où ta fortune alloit me payer de tant de sacrifices, tu veux m'avilir, te dégrader, manquer à ta parole, à celle que j'ai donnée à madame d'Orville!

LE MARQUIS.

Eh! ma mere, dois-je la tromper? Dois-je l'épouser quand j'en aime une autre? Elle va venir, je veux la prendre pour juge; je veux lui déclarer ma passion pour Colette.

LA MARQUISE.

Cruel enfant! voici le premier chagrin que tu me donnes; il est violent: tu aurois dû y accoutumer mon cœur. Écoute-moi, daigne écouter ta mere; elle a peut-être le droit de te supplier.

Je te demande, je te conjure de ne parler de rien à madame d'Orville ; je t'accorderai du temps pour te décider à l'épouser : mais ne va pas éloigner de moi la plus chere et la plus tendre des amies. Mon fils, j'attends cette bonté de toi. (à part.) Si j'étois assez heureuse pour qu'elle ne vînt pas...

SCENE VIII.

LE MARQUIS, LA MARQUISE, DURVAL, L'ÉPINE.

L'ÉPINE.

MADAME la comtesse d'Orville.

SCÈNE IX.
LE MARQUIS, LA MARQUISE, LA COMTESSE, DURVAL.

LA MARQUISE, à part.

Ô CIEL! (haut.) Eh! bon jour, madame; nous commencions à craindre de ne pas vous avoir : mon fils alloit courir chez vous.

LA COMTESSE.

Comment supposiez-vous que je manquerois à mon engagement? Je me sais pourtant gré d'arriver tard, puisque j'ai donné un peu d'inquiétude à monsieur le marquis.

LE MARQUIS.

Madame...

LA MARQUISE.

Vous êtes-vous promenée aujourd'hui?

LA COMTESSE.

Non, je sors de chez moi.

LA MARQUISE, à demi-voix.

Mon fils a passé sa matinée aux Tuileries, espérant vous y trouver.

LE MARQUIS.

Je suis trop vrai...

LA MARQUISE.

J'espere que nous dînerons bientôt. Monsieur Durval, voulez-vous bien dire que l'on nous serve ?

(Durval sort.)

SCENE X.

LE MARQUIS, LA MARQUISE, LA COMTESSE.

LA MARQUISE, à la Comtesse.

Vous serez seule avec nous.

LA COMTESSE.

J'y serai moins seule que par-tout

ailleurs. Si vous saviez combien je suis lasse de ce grand monde où l'on court toujours après le plaisir, sans jamais trouver le bonheur !

LE MARQUIS.

Et comment le trouver, madame, si l'on ne prend pas son cœur pour guide ?

LA COMTESSE.

Vous avez raison, monsieur le marquis. Mais qu'avez-vous donc aujourd'hui ? Je vous trouve l'air inquiet.

LA MARQUISE.

Pardonnez-lui : il est entièrement occupé de sa reconnoissance et du desir de vous plaire.

LA COMTESSE.

Il est un sûr moyen de plaire ; c'est de savoir aimer.

LE MARQUIS.

Ah ! madame, cela s'apprend bien vite ; et la première leçon ne s'oublie jamais.

LA MARQUISE, à la comtesse.
Voilà ce qu'il m'a dit la premiere fois qu'il vous a vue.

SCENE XI.
LES MÊMES, LE MAÎTRE D'HÔTEL.

LE MAÎTRE-D'HÔTEL.

Madame la marquise est servie.

LA MARQUISE.

Allons nous mettre à table ; ensuite j'aurai bien des choses à vous dire.

FIN DU SECOND ACTE.

ACTE III.

SCENE PREMIERE.

LA COMTESSE, DURVAL.

LA COMTESSE.

Qu'est-ce donc, monsieur Durval, que cet homme de loi qui vient de demander la marquise et son fils ? Auroit-elle un procès ?

DURVAL.

Non, madame ; c'est une discussion fort peu intéressante, une affaire de rien : soyez sûre que madame la marquise n'est occupée dans ce moment que du bonheur de vous avoir pour sa fille.

LA COMTESSE.

J'espere que ce mariage fera ma félicité. Cependant je suis bien mécontente du marquis ; lui que j'ai toujours vu d'une gaieté charmante, il est d'un sérieux qui me glace ; il a l'air de m'épouser malgré lui. Je vous assure que, sans mon extrême amitié pour sa mere, je retirerois ma parole.

DURVAL.

Il faut pardonner à son âge une timidité que vous prenez pour de la froideur. Son respect pour vous gêne ses sentiments ; il n'ose pas encore vous dire qu'il vous aime, et il est distrait par le plaisir de le penser.

LA COMTESSE.

J'ai bien peur, monsieur Durval, que vous n'ayez besoin de tout votre esprit pour le défendre.

SCENE II.
LA COMTESSE, DURVAL, LE MARQUIS, LA MARQUISE.

LE MARQUIS.

Non, ma mere, non; je ne puis me taire.

LA MARQUISE.

Mais, mon fils, arrêtez; tout n'est pas perdu.

LE MARQUIS.

Tout le seroit si j'étois assez vil pour cacher notre malheur. (A la comtesse.) Madame, ma mere avoit un procès d'où dépendoit toute sa fortune; il vient d'être jugé, et nous l'avons perdu.

DURVAL.

Ah ciel!

LA COMTESSE.

Comment! toute votre fortune?

LE MARQUIS.

Il ne nous reste rien au monde que des dettes.

LA MARQUISE.

Le malheur n'est pas si grand qu'il vous le dit. Si vous êtes assez notre amie pour nous obtenir l'appui de votre famille, il est impossible...

LA COMTESSE.

Vous ne doutez sûrement pas, madame, du vif intérêt que vous m'inspirez : mais un procès n'est pas une affaire de faveur; personne n'est assez puissant pour en imposer aux loix. D'ailleurs, à mon âge et dans ma position, je ne peux guere solliciter pour monsieur le marquis; on interpréteroit mal...

LA MARQUISE.

L'amitié et les engagements qui nous lient, sont des titres plus que suffisants...

LA COMTESSE.

Je voudrois de tout mon cœur vous être utile; mais nos engagements sont au moins reculés. Je ne me plaindrai point du mystere que vous m'avez fait; je vois avec douleur que je ne peux vous être bonne à rien, et que dans un moment aussi cruel, vous avez besoin de solitude.

(Elle lui fait une grande révérence, et sort.)

SCENE III.

LE MARQUIS, LA MARQUISE, DURVAL.

LA MARQUISE.

Est-ce bien elle! elle qui me juroit hier encore une éternelle amitié, qui vouloit tout quitter, tout abandonner pour vivre avec moi, pour devenir ma fille! Ah! monsieur Durval, n'en êtes-vous pas indigné?

DURVAL.

Comment, madame! en perdant ce procès, vous perdez toute votre fortune?

LA MARQUISE.

Hélas! je n'avois d'autre bien que cette succession : je ne crains pas de vous ouvrir mon cœur, vous êtes le seul ami qui me reste.

DURVAL, à part.

Ce procès me ruine aussi.

LA MARQUISE.

Donnez-moi vos conseils.

DURVAL.

Il n'y en a plus quand on est sans ressource. D'ailleurs, je suis aussi à plaindre que vous; je ne dois plus compter sur les promesses que vous m'avez faites ; j'ai perdu mon temps dans votre maison.

LE MARQUIS.

Hâtez-vous donc d'en sortir, mon-

ACTE III, SCENE III.

sieur, puisque notre fortune étoit le seul lien qui vous attachoit à nous.

DURVAL.

Mais...

LE MARQUIS.

Ne cherchez point de vaines excuses; nous ne valons plus la peine que vous vous déguisiez. *(Durval sort.)*

SCENE IV.

LE MARQUIS, LA MARQUISE.

LE MARQUIS.

Eh bien! ma mere; les voilà, ces amis sur lesquels vous osiez compter! Vous voyez...

SCENE V.

LE MARQUIS, LA MARQUISE, L'ÉPINE.

L'ÉPINE.

Monsieur le marquis m'excusera bien si je prends la liberté de lui demander si ce que l'on dit est vrai.

LE MARQUIS.

Quoi?

L'ÉPINE.

Monsieur, c'est votre procès : on assure qu'il est perdu, et que monsieur le marquis est ruiné.

LE MARQUIS.

Cela n'est que trop vrai ; laissez-nous.

L'ÉPINE, à part.

Oh! c'est bien mon projet. (haut.) Mais, monsieur...

ACTE III, SCENE V.

LE MARQUIS.

Eh bien ?

L'ÉPINE.

Monsieur le marquis ne gardera peut-être pas de domestique ; et je sais une maison où je pourrois entrer : voilà pourquoi, si c'étoit un effet de votre bonté de me mettre à la porte, en me payant, je vous serois fort obligé.

LE MARQUIS.

L'Épine, ce soir vous serez payé, et libre d'aller où vous voudrez : sortez.

L'ÉPINE.

Oh ! je ne suis pas inquiet, monsieur ; mais...

LE MARQUIS.

Mais jusques-là je suis votre maître ; sortez, ne me le faites pas répéter.

L'ÉPINE, s'en allant.

Il faut qu'il ait encore de l'argent, car il est fier.

SCENE VI.
LE MARQUIS, LA MARQUISE.

LE MARQUIS.

Du courage, ma mere ! la bassesse de ceux que vous avez crus vos amis doit vous consoler. Puisqu'ils n'aimoient que vos richesses, ce sont eux qui les ont perdues ; et nous y gagnerons le bonheur de vivre pour nous. Cependant, ne négligeons aucun des moyens qui nous restent : vous avez d'autres amis ; Darmont m'a toujours paru vous être véritablement attaché.

LA MARQUISE.

Oui, mon fils ; j'ai été assez heureuse pour lui rendre de grands services : je vais mettre sa reconnoissance à l'épreuve. (Elle sort.)

SCENE VII.

LE MARQUIS, seul.

Moi, je vole chez Colin; c'est à lui que je veux tout devoir..... Mais Colette, Colette qui croit que je l'ai trompée, qui s'est retirée sans vouloir m'entendre, ne pensera-t-elle pas que c'est l'indigence qui me ramene à ses pieds? Ce doute est affreux, et me retient malgré moi. Que je suis malheureux! Je n'oserai plus lui dire que je l'aime.... Ô ciel! voilà Colin: comment oser lui parler!

SCENE VIII.

LE MARQUIS, COLIN, un papier à la main.

COLIN.

Vous ne comptiez plus me revoir ; rassurez-vous, c'est la derniere fois. Je ne viens point troubler les apprêts de votre mariage, je ne viens point vous reprocher votre fortune et votre bonheur. J'ai voulu vous rendre moi-même cette promesse que ma sœur eut la foiblesse d'accepter ; j'ai voulu briser de ma main tous les liens qui nous attachoient l'un à l'autre ; vous êtes libre, et vous serez heureux : je vous estime assez peu pour en être sûr.

LE MARQUIS, à part.

Quel langage! et je l'ai mérité.

COLIN.

Vous craignez de rougir en reprenant ce papier ? Vous n'avez pourtant pas rougi, lorsqu'avec un air de franchise et de tendresse, ici, à cette même place, vous nous demandiez pardon ; vous parliez à ma sœur de mariage et d'amour, tandis que vous aviez tout conclu pour en épouser une autre demain. Allez : l'homme capable d'une ruse aussi indigne doit tirer vanité de n'être ému de rien : osez me regarder, c'est à moi de rougir.

LE MARQUIS, *après une pause.*

Oui, vous avez raison. J'ai pu vous cacher un mariage... qui ne se seroit pas fait ; il est juste que j'en sois puni. Rendez-moi cette promesse ; (Il la prend.) c'est le seul bien qui me reste : mais j'en suis indigne, il faut y renoncer. (Il la déchire.) Allez, abandonnez un malheureux qui ne mérite que votre mépris. Mais hâtez-vous de l'abandonner : si vous saviez combien il est à plaindre, peut-être...

COLIN.

Vous, à plaindre ! Et tout succede à vos vœux : vous épousez, dit-on, une femme de qualité dont le crédit doit vous porter au comble des honneurs ; vous jouissez d'une fortune immense ; votre mere vous idolâtre ; tout ce qui vous entoure n'est occupé que de vous plaire ; rien ne peut altérer tant de bonheur. Le seul souvenir d'un ami et d'une maîtresse que vous avez trompés, pourroit vous importuner dans vos plaisirs : mais vous n'en tendrez jamais parler d'eux ; et dans la classe où vous allez monter, on oublie aisément les malheureux qu'on a faits.

LE MARQUIS.

C'en est trop, Colin ; respectez mon malheur : apprenez...

SCENE IX.

LE MARQUIS, COLIN, COLETTE.

COLETTE, accourant.

Ah ! mon frere, ils ont perdu tous leurs biens ; vous l'ignorez, et j'accours pour vous empêcher d'insulter à leur infortune.

COLIN.

Comment, ma sœur ? Expliquez-vous.

COLETTE.

Leur malheur est déja public : un procès les a dépouillés de toutes leurs richesses ; ils sont réduits à la plus affreuse indigence.

LE MARQUIS.

Oui ; et je regrette peu tout ce que j'ai perdu : mon plus grand malheur, celui qui me touche le plus, c'est que vous me croyiez coupable ; et j'ai trop d'intérêt à vous paroître innocent pour que j'ose me justifier.

COLETTE.

Vous justifier ! Croyez-moi, épargnez-vous ce soin : on ne trompe qu'une fois celle qui ne méritoit pas d'être trompée. Mais vous êtes malheureux, je viens supplier mon frere de vous secourir. Oui, mon frere, il n'a offensé que moi ; il n'a manqué qu'à l'amour, l'amitié doit l'ignorer. Tu serois cent fois plus coupable que lui si tu l'abandonnois ; car il me restoit mon frere, et que lui restera-t-il ? Sa maison est déja déserte ; tout le monde le fuit. Mon frere, tu seras son appui, tu le tireras de l'infortune ; et mon cœur te paiera de tes bienfaits, en ajoutant à ma tendresse pour toi toute celle que j'avois pour lui.

ACTE III, SCENE IX.

LE MARQUIS.

Colette, vous déchirez mon cœur et vous l'enflammez. Non, je ne vous ai pas trompée ; dès l'instant où je vous ai vue, j'étois résolu de rompre ce mariage. Si je vous l'ai caché ; c'étoit pour ne pas paroître si coupable ; c'étoit pour ne pas vous affliger.

COLETTE.

Si vous aviez jamais aimé, vous sauriez que la plus affreuse nouvelle n'afflige pas autant que le plus léger manque de confiance.

LE MARQUIS.

Eh bien ! Colette, décidez de mon sort. Je suis au comble du malheur : sans ressource, abandonné de tout le monde, je n'ai d'appui que vous seule. Rendez-moi votre cœur, j'accepte vos bienfaits : mais si vous ne m'estimez pas, si vous ne m'aimez plus, vous avez perdu le droit de m'être utile ; je ne veux rien vous devoir.

COLETTE.

Quoi ! vous voulez...

LE MARQUIS.

Je veux mourir, ou être aimé de vous : cette volonté ne m'est pas nouvelle.

COLETTE, après une pause.

Mon frere, si nous l'abandonnons, personne ne viendra le secourir.

LE MARQUIS.

Point de pitié, Colette ; ce sentiment est affreux quand il succede à l'amour. Haïssez-moi, ou pardonnez comme vous me pardonniez autrefois.

COLETTE, le regardant.

Ah ! que l'infortune vous va bien ! Depuis que vous êtes malheureux, vous ressemblez bien davantage à ce Jeannot que j'ai tant aimé.

ACTE III, SCENE IX.

LE MARQUIS.

Je n'ai jamais cessé de l'être : mon cœur vous en répond ; il est à vous, ce témoin-là, il ne peut vous mentir.

COLETTE.

Si j'étois bien sûre...

SCENE X.

LE MARQUIS, COLIN, COLETTE, LA MARQUISE.

LA MARQUISE.

Mon fils, tout est perdu : je viens de chez un ingrat qui me doit tout ; il n'a pas même voulu me recevoir. Que devenir ? Il ne me reste plus rien sur la terre.

COLIN.

Ah ! madame, pourquoi oubliez-vous qu'il vous reste Colin ? Ma sœur et moi nous avons éprouvé aujourd'hui une douleur plus vive que celle qui vous accable : vous ne perdez que votre fortune, et nous avons craint d'avoir perdu nos amis. C'est à vous, madame, à nous prouver notre injustice ; c'est à vous à consoler nos cœurs en acceptant tout ce que nous possédons.

LE MARQUIS.

J'en étois sûr, Colin. Oui, ma mere, voilà votre ami, votre bienfaiteur ; c'est à lui que mon cœur vous confie : quant à moi, il m'est impossible de partager le bonheur que vous promet son amitié.

LA MARQUISE.

Qu'entends-je, mon fils? Tu veux me quitter?

LE MARQUIS, *montrant Colette.*

Elle ne m'aime plus ; elle croit que je l'ai trompée.

ACTE III, SCENE X.

LA MARQUISE.

Vous, Colette! Et c'est pour vous seule qu'il osoit me désobéir; c'est pour vous...

COLETTE.

N'achevez pas, c'est lui que je veux croire. Oui, je suis sûre de ton cœur : et je ne te rends pas le mien; jamais je n'ai pu te l'ôter. Ta Colette est aujourd'hui bien plus heureuse que toi, puisque c'est elle enfin qui fera ton bonheur.

(Le marquis tombe à ses pieds, et se retourne vers Colin.)

LE MARQUIS.

Et toi, es-tu mon frere?

COLIN l'embrasse.

Il y a long-temps. (à la marquise.) Madame, nous étions destinés à ne faire qu'une famille; souffrez que votre fils épouse ma sœur, et que tout mon bien lui serve de dot.

LA MARQUISE.

Ah ! Colin, quelle vengeance ! et combien vous êtes au-dessus de moi !

COLIN.

Vous vous trompez, puisque c'est vous qui êtes malheureuse.

LE MARQUIS.

Eh ! ma mere, dites donc bien vîte que vous me donnez à Colette.

LA MARQUISE.

Hélas ! mes enfants, c'est moi qui me donne à vous. Mais comment pourrai-je réparer jamais...

COLETTE.

Ah ! ma mere, si vous saviez combien je vous dois pour le plaisir de vous appeller ma mere !

COLIN.

J'ai ici de quoi vous acquitter avec vos créanciers. Nous donnerons à ta mere, mon cher Jeannot, ton patrimoine d'Auvergne ; la dot de ta femme restera dans mon commerce, que je ne ferai plus que pour vous deux. (à la marquise.) Approuvez-vous ce que je lui propose?

LA MARQUISE.

Je vous devrai, Colin, bien plus que vous ne pensez; vous m'avez appris que le bonheur n'est pas dans la vanité, et que la vertu seule vient au secours de l'infortune.

FIN.

HERO ET LÉANDRE,

MONOLOGUE LYRIQUE.

HÉRO ET LÉANDRE,

MONOLOGUE LYRIQUE.

Le théâtre représente l'Hellespont et le rivage de Sestos ; à droite, l'on voit une tour isolée, sur le haut de laquelle est un fanal allumé : les flots baignent le pied de la tour. Il fait nuit, la lune est dans son plein, le plus profond silence règne sur les flots et sur la rive. Héro sort de la tour.

HÉRO.

Enfin la nuit étend ses voiles sur toute la nature. Mon cher Léandre, voici l'heure où, n'écoutant que ton amour et ton courage, tu vas t'élancer dans les flots ; et sans autre guide que ce fanal que je viens d'allumer pour toi, tes robustes bras fendront les ondes, et te porteront dans ceux de ta bien-aimée.

(Elle regarde le ciel et la mer, et reste un moment plongée dans la rêverie.)

Avec quelle douce volupté je considere ce calme profond! Comme la mer est paisible! Comme l'air est pur! Zéphyre même n'ose l'agiter : tout se tait, tout est tranquille. Ô mon ami! tu ne dois entendre que la voix plaintive des alcyons, et le murmure des flots qui cedent à tes efforts; la lune bienfaisante te prête toute sa lumiere; l'onde, en la réfléchissant, semble vouloir la doubler... Ah! toute la nature doit s'intéresser à l'amant qui expose sa vie pour voir sa maîtresse.

(Elle se promene avec l'air agité.)

Je ne sais quelle terreur secrete se glisse malgré moi dans mon sein. Cher Léandre, ne viens pas aujourd'hui... Ne viens jamais, si tu risques de perdre le jour. Cette mer est si fatale! Hellé, la malheureuse Hellé, trouva la mort dans ses flots : le belier doré put à peine sauver son frere... Tu n'as rien, toi, que mes vœux et ton courage... S'il arrivoit... Mais non, l'Amour, tous les dieux doivent veiller sur toi.

(Elle s'adresse à la Lune.)

Belle Phœbé, ne quitte pas les cieux, éclaire la route dangereuse que mon amant doit parcourir, montre-lui tous les écueils, fais-lui voir toujours la terre, ne souffre pas que le moindre nuage te dérobe un moment à ses yeux ; souviens-toi des peines que te causa l'amour, et sauve un amant aussi fidele, aussi tendre que l'étoit Endymion.

(Elle écoute avec attention ; et dit après une grande pause :)

J'ai cru l'entendre ; et ce n'est qu'une vague qui a fait palpiter mon cœur.

(Avec passion.)

Ô mon ami! redouble tes efforts ;

que le feu qui te consume te rende insensible au froid de l'onde. Hâte-toi de sortir de cet élément perfide, viens rassurer ton épouse éperdue, viens la presser dans tes bras.... Je crois te voir; oui, je te vois; tu fends les flots avec vitesse, tu laisses loin derriere toi un long sillon qui bouillonne; les yeux toujours fixés sur ce fanal, tu reprends des forces à mesure que tu t'en approches : les astres, les étoiles, guides ordinaires du nautonnier, n'existent point pour toi; ton seul astre, c'est ce flambeau, tu ne vois que lui dans le ciel, tu ne connois que moi sur la terre, et l'univers se réduit pour toi à la seule tour que j'habite.

(Avec inquiétude.)

Mais l'amour égare mes sens. Léandre ne vient point : je n'apperçois rien sur les flots. Peut-être n'est-il pas aussi tard que je l'imagine; je me suis trompée moi-même, j'ai cru qu'il arriveroit plus vite en allumant plutôt le flambeau.

(Elle retourne vers la mer, regarde et écoute attentivement.)

Cependant il me semble qu'il n'a jamais tardé si long-temps. J'ai déja calculé cent fois l'instant de son départ, la durée de son trajet, il devroit être ici... Encore si la mer étoit agitée, je pourrois croire que la frayeur l'a retenu... Peut-être n'est-il point parti... peut-être de nouvelles amours... Ah ! Léandre, pardonne ; j'ose douter de ton cœur : ah ! que le moindre vent vienne troubler les eaux, et je n'accuserai plus que Neptune.

(Avec colere.)

Pourquoi faut-il que nous, qui n'avons qu'une ame, nous ayons deux patries ? De quoi nous sert d'être si près l'un de l'autre si nous sommes toujours séparés? Oui, j'aimerois mieux que l'univers entier fût entre nous deux.

(L'horizon commence à se couvrir de nuages, et la lune s'obscurcit.)

Mais le ciel devient plus sombre, la lune semble vouloir cacher sa tremblante lumiere, mon cœur se serre... et si la tempête... Éloignons de funestes idées... Je me trompe, sans doute; la frayeur me fait voir des nuages qui n'existent point; j'ai si souvent éprouvé que loin de mon amant le ciel ne m'a jamais paru beau !

(La tempête commence et va toujours en augmentant.)

Qu'entends-je! non, ce n'est point une illusion, un bruit sourd semble sortir de l'abîme, il s'avance avec les ténebres, il devient éclatant, la mer s'agite, les vents commencent à mugir, ils vont se déchaîner sur les vagues déja blanchies...

(Avec l'accent de la douleur et de l'effroi.)

Dieux tout-puissants..... les forces m'abandonnent; chaque éclair, chaque coup de tonnerre porte la mort dans mon cœur.... Malheureuse.... il sera parti... il sera parti...

(Elle tombe épuisée sur un rocher, et se relève avec impétuosité.)

Cher Léandre, retourne, il en est temps encore... Retourne vers ton rivage, ne songe qu'à sauver tes jours; je t'irai voir, l'amour me donnera des forces; je suis sûre de faire le trajet quand je t'aurai pour but de mon voyage. Je ne suis pas certaine du retour; mais je t'aurai vu, je t'aurai sauvé, je mourrai satisfaite.

(La tempête est dans sa plus grande force.)

Ô dieux! quels éclats! quelle tempête! les flots en fureur s'élancent contre les éclairs, le tonnerre se précipite sur les flots; les vagues et les airs ne sont plus qu'un chaos sillonné de traits de feu. Tous les élements sont confondus, et mon amant combat peut-être seul contre toute la nature.

(Elle tombe à genoux, et s'écrie avec transport.)

Ô Neptune ! ô Borée ! appaisez-vous, épargnez-le ; il ne vous offensa jamais : un jour n'a jamais fini sans qu'il vous ait adressé des vœux. Vous connoissez l'amour ; souvenez-vous de Phillyre ; souvenez-vous d'Orythie ; prenez pitié des maux que vous avez soufferts vous-mêmes. Que vous faut-il ? que voulez-vous ? je n'ai point de victime ; mais si le sang est nécessaire pour vous appaiser, dites un mot, un seul mot, et ce poignard va percer mon cœur. Parlez ; Léandre est en danger, Léandre succombe peut-être : par pitié, hâtez-vous de parler.

(La tempête s'appaise.)

Ils m'ont entendue... Les vents s'appaisent, la mer se calme, les flots retombent à leur place, le ciel redevient serein, et je n'entends plus que le murmure des ondes qui gémissent encore de la fureur des aquilons.

(Avec l'émotion la plus tendre.)

Ah! Léandre, mon cher Léandre, as-tu souffert cette tempête? Les dieux t'auront protégé; ils viennent de calmer la mer, c'est la marque sûre de leur faveur. Léandre, tu vas venir, je vais te voir : ah! comme je te presserai contre mon sein! combien tes périls vont ajouter de charmes à notre réunion!

(Avec inquiétude et douleur.)

Mais l'obscurité se dissipe, l'on voit déjà l'orient se teindre d'une couleur vermeille, l'amante de Céphale chasse devant elle les ténèbres, et Léandre n'arrive point. Le calme est revenu sur les flots, il ne l'est pas dans mon cœur.

HÉRO ET LÉANDRE,

(L'on voit le lever de l'aurore et la naissance du jour.)

Brillante Aurore, daigne me pardonner, si jamais je ne t'adressai de vœux. Léandre me quittoit toujours à l'instant où tu paroissois ; pouvois-je desirer de te voir ? Deviens aujourd'hui ma bienfaitrice, montre-moi mon amant ; et que ce jour, que tu précedes, soit beau pour moi comme il va l'être pour toute la nature.

(Elle va regarder sur un rocher.)

Oui, je le vois ; c'est lui..... Dieux immortels, que ne vous dois-je pas ! Ah ! je sens bien que toutes mes peines n'ont pas assez payé ce doux moment..

(On voit dans le lointain Léandre qui fait des efforts pour se soutenir sur les eaux.)

Mais que vois-je ? il s'éloigne..... il s'approche.... il semble lutter contre les flots.... Mon sang se glace... Je le distingue ; ses forces sont épuisées, ses bras lassés ne peuvent plus le soutenir..... Léandre... Léandre... entends ma voix, qu'elle prolonge tes forces; encore un moment de courage, et tu seras dans les bras de ton épouse..... Léandre, tu ne m'entends pas... tu ne peux plus résister.... Léandre... encore un effort. Il semble me tendre les mains, il semble implorer mon secours... Oui, je vais m'élancer vers toi... oui... je vais mourir ou te sauver... Je vais...

(Léandre s'enfonce dans les flots.)

Ciel! il a disparu; mes yeux le cherchent en vain... Léandre... mon cher Léandre... Il n'est plus... il n'est plus; les flots l'ont englouti!

(Elle reste long-temps immobile, et reprend avec lenteur.)

Il n'est plus: je ne le verrai plus: je ne le verrai jamais: il est mort pour moi. C'est moi, c'est moi qui l'assassine!

(Après une grande pause, avec fureur et désespoir.)

Dieux barbares qui vous jouiez de mes douleurs, qui sembliez écouter mes vœux, pour rendre plus aigu le trait dont vous me déchirez; dieux de sang, dieux de malheur, puisse le destin, plus fort que vous, vous rendre tous les maux que je souffre! puisse votre immortalité ne servir qu'à les prolonger! Et toi, mer affreuse, mer perfide, tu n'as jamais causé que des maux, tu n'as jamais respecté que le crime : le guerrier farouche, l'avide marchand, sont en sûreté sur tes flots; et tu fais périr l'amant fidèle qui ne te demandoit que de le porter près de moi, qui t'invoquoit tous les jours, qui t'appelloit sa bienfaitrice! va, puisse ta fureur se tourner contre toi-même! puisse l'univers se dissoudre et retomber dans ton sein! puisse la terre combler ton lit, et le chaos te détruire et te remplacer!

(Elle retourne sur le rocher.)

Je ne le verrai plus, je ne le verrai jamais! Léandre, mon cher Léandre! et as-tu pensé que je pourrois te survivre? as-tu pensé que je pourrois jamais regarder cette mer odieuse? Non, je t'irai chercher jusques dans ses abîmes; j'irai me rejoindre à la plus chere moitié de moi-même. Qui sait aimer, sait mourir : et cette mort est un doux moment, puisqu'elle me réunit à Léandre.

(Elle se frappe et se jette dans la mer.)

FIN.

LE BAISER,

OU
LA BONNE FÉE;

COMÉDIE

EN TROIS ACTES ET EN VERS,

MÊLÉE DE MUSIQUE;

Représentée pour la premiere fois par les Comédiens Italiens ordinaires du Roi, le lundi 26 novembre 1781.

A VOUS.

J'ai chanté LE BAISER; ce sujet est bien doux,
    Souffrez que je vous le dédie;
Tout ce qu'Alamir dit à sa chere Zélie,
    Je ne l'ai pensé que pour vous.
    Si votre cœur de cet hommage
    Veut me payer par des bienfaits,
    Le titre seul de mon ouvrage
    Vous dira le prix que j'y mets.

PERSONNAGES.

AZURINE, mere d'Alamir.
ALAMIR, amant de Zélie.
ZÉLIE, princesse élevée par Azurine.
PHANOR, magicien.
BIRENE, fée.
UN ESCLAVE d'Azurine.
Suite d'Azurine, prêtresses, soldats de Phanor, esclaves.

La scene est, aux deux premiers actes, dans le palais d'Azurine; au troisieme, dans les états de Phanor.

LE BAISER,

ou

LA BONNE FÉE,

COMÉDIE.

ACTE PREMIER.

SCENE PREMIERE.

ALAMIR, ZÉLIE.

AIR.

ALAMIR.

Je t'en conjure, ma Zélie,
Ne me cache plus ta douleur.
Hélas! dans mon ame attendrie
Craindrois-tu d'épancher ton cœur?

LE BAISER.

Sois bien sûre, ma tendre amie,
Que l'amour saura te calmer;
Et que les peines de la vie
Font mieux sentir le bonheur de s'aimer.

Pourquoi me dérober tes larmes ?
Je dois tout partager, jusqu'au moindre soupir.
Ne suis-je plus cet Alamir
A qui tu confiois tes plaisirs, tes alarmes?
Tu ne m'aimes donc plus ?

ZÉLIE.

Ah ! je n'aime que toi;
Mais je crains...,

ALAMIR.

Que crains-tu?

ZÉLIE.

Mon ami, laisse-moi.
C'est peut-être en vain que je tremble :
A quoi bon te donner des chagrins superflus?

ALAMIR.

Et comptez-vous pour rien de s'affliger ensemble ?

ZÉLIE.

Eh bien ! je ne résiste plus....
J'avois pourtant promis de garder le silence;

ACTE I, SCÈNE I.

Mais il faut toujours t'obéir :
Avec toi l'on ne peut tenir
Que les serments d'amour et de constance.
Tu sais que depuis notre enfance,
Destinés à nous voir époux,
Nos premiers sentiments, nos plaisirs les plus doux
Furent l'amour et l'espérance.

ALAMIR.

Qui pourroit troubler les beaux jours
Que notre heureux sort nous destine ?
Nous dépendons de ma mere Azurine ;
Elle a vu naître nos amours,
Elle veut nous unir.

ZÉLIE.

Oui, sa bonté touchante
Ne s'occupe de rien que de notre bonheur.
Mais tu connois ce cruel enchanteur
Dont le nom seul inspire l'épouvante,
Phanor ?

ALAMIR.

Eh bien ?

ZÉLIE.

Il demande ma main.
Ta mere, de frayeur saisie,

A voulu lui répondre en vain
Qu'à toi l'amour m'avoit unie.
Hélas! rien n'a pu le fléchir.
N'importe, a-t-il repris, Zélie est honorée
De ma recherche; elle doit obéir :
Dans deux jours je viendrai finir cet hyménée.
Il est parti.

ALAMIR.

Demain sera donc la journée
Où je n'aurai plus qu'à mourir.

ZÉLIE.

Calme-toi, mon ami, notre mere est allée
Consulter sur notre destin
Cette vieille et savante fée
Dont l'oracle est toujours certain.
Attendons son retour; cet oracle infaillible
Rassurera ton ame trop sensible.

DUO.

ALAMIR.

Je n'en croirai que ton cœur,
Sur le destin de ma vie.

ZÉLIE.

Ne doute pas de mon cœur,
Il est à toi pour la vie.

ACTE I, SCENE I.

ALAMIR.
Est-il à moi ?

ZÉLIE.
Il est à toi,
Il est à toi pour la vie.

ALAMIR.
T'adorer fait mon bonheur.

ZÉLIE.
Te plaire, ma seule envie.

ALAMIR.
Phanor ne peut rien contre moi,
Si tu penses toujours de même.

ZÉLIE.
Toujours t'aimer, voilà ma loi,
Mon plaisir et mon bien suprême.

ALAMIR.
Phanor ne peut rien contre moi.

ZÉLIE.
Je t'aimerai toute ma vie !
Mais, hélas !...

ALAMIR.
Quelle est ta frayeur ?

ZÉLIE.
Je crains le pouvoir du génie.

ALAMIR.
Je n'en croirai que ton cœur,
Sur le destin de ma vie.

SCENE II.

ZÉLIE, ALAMIR, AZURINE;
SUITE D'AZURINE.

ZÉLIE.
C'est vous, ma mere ! ah ! nous brûlons d'apprendre
Quel est le sort qui nous attend.
Pardonnez ; il sait tout, je n'ai pu m'en défendre.
AZURINE.
Je me doutois, ma chere enfant,
Que vous ne seriez pas discrete.
Mais rassurez-vous cependant,
Votre félicité parfaite
Ne dépend plus que d'un serment
Que vous ferez à votre mere.
ALAMIR.
Un serment ! Quel est-il ?

ACTE I, SCENE II.

ZÉLIE.

Hélas ! il me sembloit
Que mon cœur avoit déja fait
Tous les sermens que l'on peut faire.

AZURINE.

J'ai traversé la paisible forêt
Qu'habite la sage Birène ;
Je m'attendois à voir dans un antre secret
Une effrayante magicienne,
Au front pâle et sévere, aux yeux étincelans,
Et dont le cœur endurci par le temps
Seroit peu touché de ma peine.
Que je connoissois mal celle que je cherchois !
Birène, en me voyant, auprès de moi s'empresse,
Me promet son appui, ses conseils, ses bienfaits,
M'exhorte à soulager la douleur qui me presse :
Je vois bientôt que rien ne doit m'intimider,
Et que de la triste vieillesse
Birène n'a voulu garder
Que la douceur et la sagesse.

ALAMIR.

Eh bien ?

AZURINE.

Je lui dis nos malheurs ;

Je lui peins vos amours, mes chagrins, ma tendresse.
Mon seul récit la touche, l'intéresse;
En m'écoutant, ses yeux se mouillent de ses pleurs.
« Tremblez, m'a-t-elle dit, je connois la puissance
« De ce cruel Phanor qui cause vos douleurs :
« L'ingrat tient de moi sa science.
« Peut-être pourrons-nous prévenir ses desseins :
« Calmez-vous, je vais lire au livre des destins. »

AIR.

Alors sa voix par les ans affoiblie
M'explique le sombre avenir ;
De pleurs sa vue est obscurcie,
Votre destin la fait frémir.
Elle gémit ; elle s'écrie :
« Que je te plains, jeune Alamir !
« Un seul moment peut te ravir
« Celle qui regne sur ton ame.
« Allez, hâtez-vous de l'unir
« A l'aimable objet qui l'enflamme.
« Mais qu'Alamir redoute son bonheur :
« Un seul baiser pris à Zélie
« Peut changer en jour de douleur
« Le jour le plus beau de sa vie. »

ACTE I, SCENE II.
ALAMIR ET ZÉLIE.

Un seul baiser?

AZURINE.
Un seul baiser pris à Zélie
Peut changer en jour de douleur
Le jour le plus beau de sa vie.

ALAMIR.
Quoi! le jour de notre hyménée,
Un baiser nous perdroit tous deux?

AZURINE.
Hélas! l'oracle est rigoureux.
Je sais qu'un jour est une année
Quand le soir on doit être heureux.

ALAMIR.
Mais vous savez aussi, ma mere,
Que le sens d'un oracle est souvent un mystere;
On ne l'entend jamais bien clairement.

AZURINE.
Le vôtre est clair, mon fils; il dit expressément
Que, le jour de votre hyménée,
Un baiser pris à l'objet de vos vœux
Avant la fin de la journée
Feroit le malheur de tous deux.

ZÉLIE.

Ne dit-il pas aussi, ma mere,
Qu'avant tout il faut nous unir?

AZURINE.

Oui, votre hymen est nécessaire.
Mais puis-je compter qu'Alamir
Observera la loi sévere
Que le destin...

ALAMIR.

Recevez-en ma foi.

ZÉLIE.

D'ailleurs, maman, comptez sur moi;
Je vous réponds de tout.

ALAMIR.

Rien ne sera pénible,
Puisqu'il s'agit de mériter sa main.
Mais, ma mere, Phanor doit revenir demain;
S'il revenoit ce soir, il seroit impossible
De nous unir.

AZURINE.

Je le voudrois en vain.
Que nous conseilles-tu, Zélie?

ZÉLIE.

Moi, je m'en fie à vous; vous saurez tout prévoir;

ACTE I, SCENE II.

Je crois pourtant que le génie
Pourroit bien arriver ce soir.

AZURINE.

Allons, mes enfants, je suis prête
A conclure un hymen objet de vos souhaits.
Mais il nous faut du moins quelques apprêts,
Des fêtes...

ALAMIR.

Non, ma mere, il ne faut point de fête
Quand on est au jour du bonheur;
Un mot suffit à notre cœur.
N'attendez pas les flambeaux d'hyménée
Pour nous unir tous deux d'un lien éternel.
Ah! pour tenir la foi que l'amour a donnée,
On n'a pas besoin d'un autel.

AZURINE.

Non, mon fils; c'est aux yeux de ma cour réünie,
Que vous vous promettrez un amour immortel :
Le jour le plus beau de la vie
Doit être le plus solemnel.

(à sa suite.)

Préparez leur hymen; que ma cour rassemblée
Soit dans ces lieux témoin de leurs serments.
Et puissent-ils jouir dans ces heureux moments

D'une félicité qui ne soit point troublée!

ZÉLIE.

Ah! pour la mieux sentir, nos ames sont d'accord.

ALAMIR, *à sa mere très vivement.*

Vous qui me connoissez, jugez de mon transport.
  Heureux par vous, heureux par elle,
  Toujours aimé, toujours fidele,
Vous chérir, l'adorer, et vivre pour vous deux,
  Voilà mon sort, voilà mes vœux.
  A l'amour comme à la tendresse
  Je saurai donner tout mon cœur;
  Entre vous deux j'ignorerai sans cesse
  Qui fait le plus pour mon bonheur,
  De ma mere ou de ma maîtresse.

SCENE III.

AZURINE, ZÉLIE, ALAMIR, TOUTE LA COUR D'AZURINE.

De jeunes prêtresses ont dressé un autel, et l'ont paré de guirlandes; la statue de l'Amour est sur cet autel, les prêtresses lui offrent des fleurs.

AZURINE.

Voici l'autel, mes chers enfants;
Préparez-vous, je vais recevoir vos sermens.
(Azurine se met auprès de l'autel, Alamir et Zélie sont aux deux côtés; les prêtresses commencent l'hymne à l'Amour.)

FINALE.
HYMNE A L'AMOUR.

Dieu de la tendresse,
Daigne protéger deux cœurs
Qui de toi seul s'occuperont sans cesse.
Tes faveurs
Sont le bien de la jeunesse.

Tes ardeurs
Font sa plus belle richesse ;
Et tes erreurs
Consolent encor la vieillesse.

ALAMIR, *la main sur l'autel.*

Je jure au dieu d'amour
Qui m'enflamme pour elle
De l'aimer autant qu'elle est belle,
De l'adorer jusqu'à mon dernier jour.

ZÉLIE, *la main sur l'autel.*

Je jure au dieu puissant dont mon cœur suit les loix
De brûler pour toi seul de l'ardeur la plus pure.
Hélas ! quand je t'ai vu pour la premiere fois,
Mon cœur promit tout ce qu'il jure.

AZURINE.

Je vous unis, soyez heureux :
Que la chaîne qui vous engage
Vous rende encor plus amoureux.
Sans l'amour, c'est un esclavage ;
Avec l'amour, c'est le bonheur des dieux.

TOUT LE MONDE.

Que l'hymen qui vous engage
De vos cœurs redouble les feux :
Sans l'amour, ces doux nœuds

ACTE I, SCENE III.

Seroient un esclavage;
Avec l'amour, c'est le bonheur des dieux.

AZURINE.

Dans l'âge heureux de la jeunesse,
L'on ne vit que pour les amours ;
Mais songez que votre tendresse
Doit embellir mes derniers jours.

TOUT LE MONDE.

Que l'hymen qui vous engage
De vos cœurs redouble les feux :
Sans l'amour, ces doux nœuds
Seroient un esclavage;
Avec l'amour, c'est le bonheur des dieux.

ALAMIR.

Ah ! ce bonheur est votre ouvrage !
Nous le sentons plus vivement,
Et rien ne peut…

SCENE IV.

AZURINE, ZÉLIE, ALAMIR, TOUTE LA COUR D'AZURINE, UN ESCLAVE.

L'ESCLAVE.

Phanor arrive en ce moment.
(*Il sort.*)

SCENE V.

ALAMIR, ZÉLIE, AZURINE, SUITE D'AZURINE.

AZURINE.

O ciel! ô ciel! que faut-il faire
Pour sauver ces tendres amants?

ALAMIR ET ZÉLIE.

Nous n'espérons qu'en vous, ma mere;
N'abandonnez pas vos enfants.

ACTE I, SCENE V.

AZURINE.

Songez, songez à vos serments,
Et nous braverons sa colere.
(à sa suite.)
Et vous, éloignez de ces lieux
Cet appareil trop suspect à ses yeux.
(*L'on fait disparoître l'autel.*)
Votre destin tient à votre prudence;
Dissimulez, je l'entends qui s'avance.

(L'on entend le bruit de la marche de Phanor; il paroît bientôt suivi de soldats, d'esclaves noirs, blancs, de toutes les nations. Phanor est superbement habillé, et doit avoir la taille et l'air farouche d'un magicien conquérant.)

SCENE VI.

AZURINE, ALAMIR, ZÉLIE, PHANOR, SUITE D'AZURINE, SOLDATS ET ESCLAVES DE PHANOR.

PHANOR.

Voici le jour, belle Zélie,
Où l'amour va me rendre heureux;
A votre sort je viens unir ma vie,
Et vous offrir mon empire et mes vœux.
Soyez ma seule souveraine;
Je mets à vos pieds ma grandeur;
Songez qu'en régnant sur mon cœur,
Du monde entier vous êtes reine.
Daignez-vous répondre à mes vœux?

ZÉLIE.

Seigneur...

ALAMIR.

O ciel! qu'allez-vous dire?

ZÉLIE.

Ma mere sait si je desire
De partager votre sort glorieux.

ACTE I, SCENE VI.

ALAMIR, *bas à Zélie.*

Eh quoi! vous trahissez mes feux!

ZÉLIE, *bas à Alamir.*

Pour toi seul je crains sa colere.

PHANOR.

Guerriers et peuples de la terre
Soumis à mes commandements,
 Célébrez dans vos chants
Le nom de celle qui m'est chere.

ALAMIR, *à Zélie.*

Vous gardez ainsi vos serments!

AZURINE, *à Alamir.*

Mon cher fils, retiens ta colere.

LES ESCLAVES DE PHANOR.

 Célébrons dans nos chants
Cet hymen et ce jour prosperes
 Le vainqueur de la terre
Est le plus heureux des amants.

SUITE D'AZURINE, *à demi-voix.*

 Protégez ces enfants,
Dieu de l'amour et du mystere;
 Joignez-vous à leur mere
Pour sauver ces tendres amants.

PHANOR, à *Zélie.*
Régnez sur un peuple fidele :
Et si le sort comble mes vœux,
Votre empire doit être heureux
Autant que l'amour vous fit belle.

LES ESCLAVES DE PHANOR,
Célébrons dans nos chants
Cet hymen et ce jour prospere ;
Le vainqueur de la terre
Est le plus heureux des amants.

PHANOR, à *Azurine.*
Venez fixer les doux instants
Qui vont m'unir à celle qui m'est chere.

ALAMIR ET ZÉLIE.
Nous n'espérons qu'en vous, ma mere ;
N'abandonnez pas vos enfants.

AZURINE, *à part.*
Hélas ! hélas ! que faut-il faire
Pour sauver ces tendres amants ?
(*Ils sortent tous.*)

FIN DU PREMIER ACTE.

ACTE II.

SCENE PREMIERE.

AIR.

ALAMIR, seul.

Non, je ne puis contenir ma fureur,
Ingrate, perfide Zélie,
Phanor à mes yeux vous supplie
D'écouter ses vœux, son ardeur,
Sans que votre courroux éclate!
Perfide, ingrate,
Vous souffrez que Phanor se flatte
De pouvoir toucher votre cœur!
Non, je ne puis contenir ma fureur.

SCENE II.
ALAMIR, ZÉLIE.

DUO.

ALAMIR.

Eh bien! Zélie,
C'est ainsi que je suis aimé?

ZÉLIE.

Qu'a fait Zélie?
Et de quoi te vois-je alarmé?

ALAMIR.

Vous écoutiez le génie,
Vous ne pensiez plus à moi.

ZÉLIE.

Un coup-d'œil m'auroit trahie;
Je ne tremblois que pour toi.

ALAMIR.

Ah! votre prudence est extrême.

ZÉLIE.

Je ne tremblois que pour toi.

ACTE II, SCENE II.

ALAMIR.
On n'est pas prudent quand on aime,
Et l'on s'expose sans effroi.

ZÉLIE.
Mais en exposant ce qu'on aime,
On expose bien plus que soi.

ALAMIR.
Non, non, Zélie,
Vous ne pensiez plus à moi.

ZÉLIE.
Hélas! Zélie
Ne frémissoit que pour toi.

SCENE III.

ALAMIR, ZÉLIE, AZURINE.

AZURINE.
Courage, mes enfants, disputez-vous bien forts
J'aime mieux vous voir en querelle,
Que si vous étiez trop d'accord.
Ma peine étoit déja mortelle

De vous savoir ensemble et loin de moi.
Alamir, dites-moi pourquoi
Vous avez fui loin de ma vue.

ALAMIR.

Pardonnez; mais Phanor qui veut m'ôter son cœur,
Qui lui jure à ses pieds une éternelle ardeur,
C'est un spectacle qui me tue;
Non, je ne puis le soutenir.

AZURINE.

Je conçois, mon cher fils, combien tu dois souffrir.
Mais revenez tous deux; je crains que votre absence
Ne donne des soupçons au cruel enchanteur.

ALAMIR.

Défiez-vous plutôt de ma présence,
Je n'étois déja plus maître de ma fureur.
Retournez vers Phanor, et que votre prudence,
En m'éloignant de lui, prévienne mon malheur;
Laissez-moi dans ces lieux, ou craignez pour ma vie.

AZURINE.

Je vais donc emmener Zélie.

ALAMIR.

Oh! non, ma mere; ou je vous suis:
Je ne la quitte plus, vous me l'avez donnée.

ACTE II, SCENE III.

AZURINE.
Tu me fais trembler, mon cher fils.
Si vous me promettiez d'achever la journée
Sans cesser de vous disputer...

ZÉLIE.
Oh! je vous le promets; vous pouvez nous quitter.

AZURINE.
Hélas!

ZÉLIE.
Fiez-vous à Zélie.

AZURINE.
Allons, je vais retrouver le génie;
Je vais tâcher, par mes adroits discours,
De lui dérober vos amours,
Et de tenir sa prudence endormie.
Il faut, jusqu'à demain, éviter son courroux;
Mais, dans le péril qui nous presse,
J'attends bien moins de mon adresse
Que de mon amitié pour vous.
Tendre Amitié, viens, je t'appelle,
Inspire-moi dans ce dangereux jour;
Donne tout l'esprit de l'amour
A la tendresse maternelle.

Adieu, mes chers enfants ; n'oubliez pas tous deux
Que mon sort dépendra de votre destinée.
Une mere est toujours la plus infortunée
  Quand ses enfants sont malheureux.
       (*Elle sort.*)

SCENE IV.

ALAMIR, ZÉLIE.

(Ils restent quelque temps sans parler ; Alamir dit ensuite à voix basse, et sans regarder Zélie :)

ALAMIR.

En nous quittant, il semble que ma mere
  Redoute que votre colere
Ne s'appaise bientôt.

ZÉLIE.

    Elle me connoît mal ;
Vos soupçons m'ont trop offensée.
 (*plus tendrement.*)
Vous, qui lisez toujours si bien dans ma pensée,
  Avez-vous pu craindre un rival ?

ACTE II, SCENE IV.

ALAMIR.

Écoutez-moi...

ZÉLIE.

Je ne veux rien entendre.

ALAMIR.

Permettez-moi de me défendre.

ZÉLIE.

Vos efforts seroient superflus;
Vous avez douté de Zélie.

ALAMIR.

Mais daignez...

ZÉLIE, *avec humeur.*

Ne me parlez plus :
L'oracle le défend, et moi je vous en prie.

ALAMIR.

Hélas ! à peine l'hyménée
Nous rend époux, que nous voilà brouillés.

ZÉLIE.

C'est le plus sûr moyen de passer la journée
Sans manquer au serment.

ALAMIR.

Puisque vous le voulez,
Je conviens que j'ai tort ; mais vous seriez cruelle
Si vous me refusiez un pardon généreux :

N'avons-nous pas assez, dans ce jour dangereux,
De la loi qui nous cause une gêne mortelle ?
  Ah ! ce n'est qu'aux époux heureux
  Qu'il est permis d'être en querelle.
    ZÉLIE.
  Je n'écoute rien ; laissez-moi.
    ALAMIR.
Mais enfin...
    ZÉLIE.
   Vous doutez sans cesse de ma foi,
Et vous avez raison ; je deviens infidele.
(Il se fait un moment de silence, après quoi Alamir
 commence le duo d'une voix basse et timide.)
    DUO.
    ALAMIR.
  Quand un amant n'est point jaloux,
  Il n'aime point d'amour extrême.
    ZÉLIE.
  Quand un amant devient jaloux,
  Il n'estime point ce qu'il aime.
    ALAMIR.
 Comment ?
    ZÉLIE.
   Eh bien ?

ACTE II, SCENE IV.

ALAMIR.

Que dites-vous ?

ZÉLIE.

Je ne dis rien.

ALAMIR.

Quand un amant n'est point jaloux,
Il n'aime point d'amour extrême.

ZÉLIE.

Quand un amant devient jaloux,
Il n'estime point ce qu'il aime.

ALAMIR.

C'est une offense bien légere
Que le soupçon d'un tendre amant.

ZÉLIE.

Sur-tout quand l'amant sait nous plaire,
Notre courroux ne dure qu'un moment.

ALAMIR.

Est-il passé ?

ZÉLIE.

Mais je le croi.

ALAMIR.

Ah ! tu diras donc comme moi ?

ZÉLIE.

Oui, oui, je dirai comme toi.

ENSEMBLE.

Quand un amant n'est point jaloux,
Il n'aime point d'amour extrême :
On craint toujours de perdre ce qu'on aime,
Quand l'amour fait notre bien le plus doux.

ALAMIR.

Veux-tu me pardonner tout ce que je t'ai dit ?

ZÉLIE.

Tu n'as donc plus de jalousie,
Et la raison vient calmer ton esprit ?

ALAMIR.

La raison ! Hélas ! mon amie,
J'ai bien du malheur avec toi:
Nous disputons toute la vie,
Et jamais la raison ne décide pour moi.

ZÉLIE.

Ton air humble et ta modestie
Seront d'inutiles détours.
Crois-moi, restons brouillés.

ALAMIR, *voulant baiser sa main.*

Le pourrois-tu, Zélie!

ZÉLIE.

Et l'oracle, Alamir !

ACTE II, SCENE IV.

ALAMIR, *s'éloignant précipitamment.*
           Oh ! j'y pense toujours,
Et sur-tout à présent que ma mere est sortie.
       Voici l'instant de s'observer :
       C'est sûrement pour m'éprouver
Qu'aujourd'hui tu parois mille fois plus jolie.
Mais je veux oublier que j'ai reçu ta foi,
Je ne veux plus parler ni m'occuper de toi ;
       Tu verras ma sagesse extrême.

ZÉLIE.

       Malgré tes projets, mon ami,
Je crains dans un moment de te revoir le même.
Tiens, va t'asseoir là bas ; je vais m'asseoir ici :
Nous causerons bien mieux.
     (*Elle place deux fauteuils aux deux extrémités du
                théâtre.*)

ALAMIR, *s'asseyant.*
                  C'est pousser la prudence
Assurément bien loin : mais n'importe, voyons ;
Tu n'as qu'à décider ce dont nous parlerons,
Je veux au même point porter l'obéissance.

ZÉLIE.

Mais nous pouvons parler de ce que tu voudras,
       Pourvu que tu n'approches pas :

C'est la seule loi que j'impose.
Si tu m'en crois pourtant, avant la fin du jour
Nous ne parlerons pas d'amour.

ALAMIR.
Je le veux bien, soit, parlons d'autre chose.
(*Il se fait un long silence.*)
J'écoute au moins.

ZÉLIE.
Moi, mon ami, j'attends.

ALAMIR.
Mais je ne sais parler que de mes sentiments,
Et tu ne le veux pas.

ZÉLIE.
Je t'arrête bien vite.
Mon cher ami, laissons là ce discours,
Il pourroit finir mal; nous pleurerions ensuite ;
Tâchons d'oublier nos amours.
Il faut chercher à nous distraire :
Seule avec toi, je crains également
Et de parler et de me taire.
Je vais chanter; tu m'as dit si souvent
Que c'étoit par ma voix que j'avois su te plaire
Écoute-moi.

ALAMIR.
T'entendrai-je d'ici ?

ACTE II, SCENE IV.

ZÉLIE.

Oh! n'approche pas, mon ami,
Ou je vais retrouver ma mere.

AIR.

Le zéphyr amoureux de la rose nouvelle
Ne quitte plus cette charmante fleur;
Il vole sans cesse autour d'elle;
Tant qu'il modere son ardeur,
La rose pour lui renouvelle
Et son éclat et sa fraîcheur.
Mais s'il devient téméraire,
Et que, cédant à son transport,
Il agite la fleur légere,
Il l'effeuille, il cause sa mort.

ALAMIR.

J'entends bien la leçon; mais je crois, mon amie,
Que nous avons bien mal interprété
L'oracle que ma mere a tantôt rapporté.
« Un seul baiser pris à Zélie,
« Suffit pour faire leur malheur. »
J'explique mieux que toi, dans le fond de mon cœur,
Cet oracle que je déteste.
Un baiser pris à toi nous seroit bien funeste;
Mais si tu le donnois, il porteroit bonheur.

(*Il s'approche.*)

ZÉLIE.

Non, non, ce n'est pas là ce que nous dit Birêne ;
    Moi, je l'entends tout autrement.

ALAMIR.

Mais je voudrois du moins que cette magicienne
    Nous eût parlé plus clairement. *(Il s'approche.)*

ZÉLIE, *à part.*

Moi, je voudrois voir revenir ma mere.

ALAMIR, *toujours s'approchant.*

Que me dis-tu ?

ZÉLIE.

    Je dis que tu n'observes guére
Ni mes ordres ni ton serment.

ALAMIR *se recule brusquement.*

Qui l'eût pensé qu'un si doux hyménée
    Me causeroit tant de tourment !
Je n'ai jamais trouvé si longue la journée. *(Il se leve.)*

ZÉLIE.

Cependant je suis avec toi.

ALAMIR, *très vivement.*

Non, ce n'est pas être avec moi.
Vous m'assignez loin de vous une place ;
Vous défendez, jusqu'à la fin du jour,
    Que j'ose vous parler d'amour.

ACTE II, SCENE IV.

Eh! que veux-tu donc que je fasse?
Cruelle, réponds-moi; l'amour est mon bonheur;
　　Il est mon bien, il est ma vie.
　　Je ne sais rien qu'aimer Zélie,
　Je ne veux rien que posséder son cœur.
Me livrer tout entier à ma brûlante ivresse,
Ne respirer qu'amour, ne sentir que ses feux,
　　Ne voir que toi, te voir sans cesse,
　　Et toujours puiser dans tes yeux
　　Et mon bonheur et ma tendresse,
C'est le plus cher, c'est le seul de mes vœux,
　　Et tu voudrois me l'interdire...
　　Donne-moi plutôt le trépas.
　　　(*Il se met à ses genoux.*)
　　　　ZÉLIE, *émue.*
Mon ami... tu vois bien que tu n'es plus là-bas.
　　　　　ALAMIR.
Laisse-moi t'adorer; partage mon délire.
　　Eh! n'ai-je pas reçu ta foi?
　　Tu m'appartiens, je suis à toi :
　　J'ai tant de plaisir à te dire,
　　Tu m'appartiens, je suis à toi!
　　Deux amants, ma chere Zélie,
　　Qui ne sauroient rien que cela,

Auroient assez de ces mots-là
Pour se parler toute la vie.

ZÉLIE, *troublée.*

Alamir...

ALAMIR.

Eh bien?

ZÉLIE.

Quittons-nous.

ALAMIR.

Quoi! tu voudrois ôter à mon ame éperdue
Le seul plaisir permis, le bonheur de ta vue?
Eh! que crains-tu? Je suis tremblant à tes genoux.

ZÉLIE, *dans le dernier trouble, se penche sur*
Alamir; leurs visages sont tout près
de se toucher.

Je crains ce langage si doux
Qui se fait toujours trop entendre;
Ton air soumis, ta voix si tendre,
Tout avec toi m'inspire la frayeur.
Je n'ose respirer l'air que ta bouche enflamme;
Il porteroit jusqu'à mon ame
Tout le feu qui brûle ton cœur.

ALAMIR, *transporté.*

Ah! ma Zélie...

(*Il l'embrasse; Phanor et sa suite paroissent.*)

SCENE V.

ALAMIR, ZÉLIE, PHANOR, SUITE DE PHANOR, AZURINE.

PHANOR.

Elle n'est plus à toi.

FINALE.

ALAMIR.
O ciel ! Zélie...

ZÉLIE.
Cruel génie !

PHANOR.
Elle n'est plus à toi.

ZÉLIE.
A lui seul j'ai donné ma foi.

ALAMIR.
Non, non, je ne la quitte pas.

PHANOR.
Crains ma vengeance.

ZÉLIE.
Je veux mourir entre ses bras.

LE BAISER.

PHANOR.

Vous êtes sous ma puissance.

AZURINE, *à son fils.*

Cédez, cédez à sa puissance,
N'irritez pas sa vengeance.

PHANOR.

Redoute un horrible trépas.

ALAMIR ET ZÉLIE.

Non, non : je ne te quitte pas.
Pour toujours nous sommes ensemble.

PHANOR.

Craignez qu'un horrible trépas
Pour jamais ne vous rassemble.

ALAMIR ET ZÉLIE.

Si nous devons mourir ensemble,
Nous te demandons le trépas.

PHANOR.

Non, non, il faut quitter Zélie.
Qu'on l'entraîne.
(*Les soldats de Phanor viennent pour arracher Zélie à son amant.*)

ALAMIR.

Arrêtez... arrachez-moi la vie.
(*Il tombe à genoux devant Phanor.*)

ACTE II, SCENE V.

Par pitié, privez-moi du jour;
Un rival est toujours à craindre:
C'est dans mon sang qu'il faut éteindre
Votre colere et mon amour.
Arrachez-moi ma triste vie,
Je vous le demande à genoux.
M'enviez-vous le sort trop doux
De mourir aux pieds de Zélie?

PHANOR.

Non, tu vivras pour souffrir davantage,
Pour regretter Zélie et ton bonheur.

ALAMIR, *se relevant furieux*.

Eh bien! crains ma fureur,
Crains l'excès de ma rage.
Je ne te quitte pas;
J'obséderai tes pas.
Je te dirai sans cesse;
J'eus toute sa tendresse;
Elle m'aima jusqu'au trépas,
Elle m'aima jusqu'au trépas...
Je saurai te forcer de m'arracher la vie.

PHANOR.
(*à ses soldats.*)

Un mot va me venger... Qu'on enleve Zélie.

(Les soldats l'arrachent des mains d'Alamir, et l'emportent dans leurs bras.)

ZÉLIE.

O ciel!

ALAMIR, *au désespoir*.

Je ne te quitte pas.

AZURINE, *le retenant*.

Mon cher fils, arrêtez.

ALAMIR.

Je veux suivre ses pas.

PHANOR.

Redoute un horrible trépas.

ZÉLIE, *de loin*

Adieu, cher Alamir...

ALAMIR.

Non, je cours au trépas.

(Il s'échappe des bras de sa mere pour suivre Phanor qui a disparu avec Zélie; Azurine court après son fils.)

FIN DU SECOND ACTE.

ACTE III.

Le théâtre représente un désert horrible ; au milieu, sur un roc aride et escarpé, s'élève une tour. On entend derriere la scene le bruit des soldats de Phanor : on les voit bientôt paroître avec Phanor et Zélie.

SCENE PREMIERE.

PHANOR, ZÉLIE, SUITE DE PHANOR.

PHANOR, *à sa suite.*

Eloignez-vous.

(*à Zélie.*)

Écoutez-moi, Zélie.
Vous voici dans des lieux soumis à mon pouvoir ;
Vous devez pour jamais renoncer à l'espoir
    De vivre dans votre patrie
Avec l'indigne objet qui vous tint sous sa loi.
    Vous êtes sous ma dépendance ;
Dans l'univers entier, il n'est point de puissance
Qui tentât seulement de vous ravir à moi.

C'est à vous de juger s'il vous est nécessaire
  D'appaiser un maître en courroux,
De lui faire oublier l'amour d'un téméraire,
Et l'affront qu'il reçut en soupirant pour vous.
Il est un seul moyen d'obtenir votre grace ;
Vous pouvez me fléchir.

    ZÉLIE.

      Que faut-il que je fasse ?

  PHANOR.

 Phanor cherche à vous pardonner ;
 Il veut finir votre esclavage.
Oui, malgré vos mépris, et malgré votre outrage,
  Je sens que vous devez régner
  Sur ce cœur qui vous aime encore ;
  J'en rougis, mais je vous adore :
Partagez mon amour, approuvez mon ardeur,
  Et de ces lieux vous êtes reine ;
Mes sujets, mon pouvoir, mes états, ma grandeur,
  Tout est à vous ; et de ma souveraine
Rien ne pourra jamais altérer le bonheur.
Mais si, par un refus que je crois impossible,
Vous osez repousser mes bienfaits et mon cœur,
Vous voyez cette tour, affreuse, inaccessible,
Cette tour où jamais l'astre du jour n'a lui,

ACTE III, SCENE I.

Elle deviendroit aujourd'hui
Votre redoutable demeure.
Là, sans secours et sans appui,
Vous déploreriez à toute heure
Votre imprudence et votre amour.
Vous entendez l'arrêt que ma bouche prononce;
Vous choisirez, et me rendrez réponse.
(Il veut s'en aller, Zélie l'arrête.)

ZÉLIE.

Mon choix est fait.

PHANOR.

Eh bien?

ZÉLIE.

Qu'on me mene à la tour.

PHANOR.

Perfide, c'en est trop. Soldats, qu'on me délivre
D'un objet odieux qui mérite la mort.
Pour la punir, je veux la laisser vivre :
Mais que dans cette tour elle acheve son sort.
(Les soldats enferment Zélie dans la tour.)

AIR.

Devenons impitoyable,
Que rien n'arrête mes fureurs;

Méritons la haine implacable
Que je trouve dans tous les cœurs.
Je lui soumettois mon empire ;
J'oubliois mes transports jaloux ;
Je lui demandois à genoux
Les loix qu'elle vouloit prescrire :
Un coup-d'œil, un tendre sourire
M'alloit rendre facile et doux...
Devenons impitoyable,
Que rien n'arrête mes fureurs ;
Méritons la haine implacable
Que je trouve dans tous les cœurs.
(*Il sort avec toute sa suite.*)

SCENE II.

BIRENE, AZURINE, ALAMIR.

AZURINE.

Où nous conduisez-vous, Birene,
Vous qui, sensible à notre peine,
Voulez changer notre sort malheureux ?

ACTE III, SCENE II.

ALAMIR.

Où sommes-nous ?

BIRENE.

Rassurez-vous tous deux :
Nous ne sommes pas loin du séjour de Zélie.

ALAMIR.

Pourrai-je la revoir ?

BIRENE.

Mon cher fils, le génie
Regne dans ce pays affreux ;
Un mot perdroit vous et votre maîtresse.
Peut-être pourrons-nous l'arracher de ses mains,
A force de soins et d'adresse ;
Mais du secret dépendent mes desseins :
Soyez docile, et laissez-vous conduire.
Je ne veux point ici vous dire
Que vos chagrins et vos malheurs
Ne sont venus que par votre imprudence :
Je pardonne à l'amour ; je connois sa puissance,
Et je sais que votre âge est le temps des erreurs,
Comme le mien celui de l'indulgence.

AZURINE.

Vous voyez ce qu'un fils nous coûte de soupirs :
Toujours tremblantes, incertaines,

Nous ignorons tous ses plaisirs,
Et nous sentons toutes ses peines.

BIRENE.

Ici, mon art seroit un inutile effort;
Je ne peux réussir qu'en abusant Phanor.
  J'ai des droits à sa confiance;
C'est moi qui lui montrai cet art si dangereux
  De commander à la nature entiere :
Et le cruel emploie au malheur de la terre
L'art que je lui donnai pour faire des heureux!
Cela seul me rendroit sa secrete ennemie.
Je cherche à me venger en vous rendant Zélie;
Et je satisferai votre cœur et le mien
En trouvant à la fois la douceur infinie
De punir un ingrat et de faire du bien.

ALAHIR.

Je vous devrai plus que la vie.

BIRENE, *lui montrant la tour.*

Regardez, et voyez la prison de Zélie.

ALAHIR.

Que dites-vous ?

BIRENE.

  C'est là que le cruel Phanor...

ACTE III, SCENE II.

ALAMIR, *courant vers la tour.*

Non, je ne puis contenir mon transport :
Je veux la voir, je veux du moins l'entendre,
Lui parler...

AZURINE.

Mon cher fils, qu'osez-vous entreprendre ?

BIRENE.

Jeune imprudent, écoute-moi :
Veux-tu perdre à la fois et Zélie et ta mere ?
Veux-tu les voir mourir pour toi ?
Si de Phanor tu braves la colere,
Tremble du moins pour ceux que tu chéris ;
Seconde mieux les projets de Birene.
Pour te rendre l'objet dont ton cœur est épris,
Dans ces lieux ma science est vaine.
Sais-tu quel talisman s'oppose à mon effort ?
Tant que de cette tour je n'aurai point l'entrée,
Je ne peux rien contre Phanor ;
Mais ta Zélie est délivrée
Si je pénetre un moment dans la tour.

ALAMIR.

Ah ! ne l'espérez point ; éveillé par l'amour,
Phanor garde trop bien l'objet de sa tendresse.
Moins il en est aimé, plus son œil vigilant

Sur son trésor doit être ouvert sans cesse.
Un amant malheureux n'est jamais imprudent.

BIRENE.

J'espere cependant confondre sa prudence.
Je te l'ai dit, l'ingrat a reçu mes bienfaits,
 Et ne sait pas à quel point je le hais :
Mes discours obtiendront bientôt sa confiance.
  Pour mieux confirmer son erreur,
Je parlerai de toi comme ton ennemie;
En un mot, je dirai, pour délivrer Zélie,
Tout ce qu'à mon esprit pourra dicter mon cœur.
  Mais dans ces lieux Phanor peut nous surprendre:
  Retirez-vous, sans trop vous écarter;
Et malgré les discours que vous pourrez entendre,
  Rien ne doit vous inquiéter.

AZURINE.

Je ne vous parle pas de la reconnoissance
 Que nous devons à vos soins généreux.

BIRENE.

Vous ne m'en devez point; je contente mes vœux :
Le plaisir d'un bienfait en est la récompense.

SCENE III.

BIRENE, seule.

Amour, toi qui formas un si tendre lien,
  Tu dois seconder mon adresse :
Je veux de deux époux couronner la tendresse,
Amour, tu dois m'aider à te rendre ton bien.
  Voici Phanor.

SCENE IV.

PHANOR, BIRENE.

PHANOR.

Est-ce donc vous, Birene?
Mes yeux ne me trompent-ils pas?

BIRENE.

L'ardeur de vous servir conduit ici mes pas.
  Je n'ai point regret à ma peine,
Si vous me revoyez avec quelque plaisir,
  Si vous daignez sur-tout vous souvenir

Que j'instruisis votre jeunesse
A commander aux éléments.
Vous l'avez oublié, seigneur, depuis long-temps :
Un des malheurs de la vieillesse,
C'est de voir les amis fuir avec les beaux ans.

PHANOR.

Vous m'outragez. Ah ! gardez-vous de croire
Que vos bienfaits et ce que je vous dois
Sortent jamais de ma mémoire.

BIRENE.

Je le desire, et je le crois :
Mon amitié du moins ne s'est pas affoiblie.
J'ai su que la belle Zélie
Vous dédaignoit pour un autre vainqueur ;
Et je viens vous offrir, seigneur,
De réunir mon art avec votre science
Pour amener cet insensible cœur
A reconnoître enfin votre puissance.

PHANOR.

Il est vrai, j'aime ; et l'objet de mes feux
A méprisé mes soupirs et mes vœux.
Mais j'en saurai tirer vengeance :
Zélie est prisonniere en cette horrible tour ;
Elle ne reverra le jour

Qu'en réparant par son obéissance
L'outrage fait à mon amour.
BIRENE.
Pensez-vous que la violence
Soit un moyen de la fléchir ?
Non, non, seigneur ; en vous faisant haïr,
Vous prolongez sa résistance ;
En vain vous la faites souffrir,
L'amour soutiendra son courage ;
Elle chérira davantage
L'amant que l'on veut lui ravir.
Tous vos efforts tournent contre vous-même ;
Vous avez beau défendre au jour
De pénétrer dans cette obscure tour,
L'objet de son amour extrême
N'en est pas moins devant ses yeux.
Le cœur n'a pas besoin de la clarté des cieux
Pour voir toujours celui qu'il aime.
PHANOR.
Mais je suis sûr du moins qu'aux yeux de son amant
Pour jamais j'ai su la soustraire.
BIRENE.
Je le crois ; cependant l'amour est téméraire,
Et vous devez trembler à chaque instant.

LE BAISER.
DUO.

BIRENE.

Je suis vieille, et je suis femme;
Croyez que le temps nous instruit.

PHANOR.

Je suis jaloux; et l'ardeur qui m'enflamme,
Jointe à mon pouvoir, me suffit.

BIRENE.

De l'amour j'ai connu la flamme;
Je sais combien elle donne d'esprit.

PHANOR.

Vous savez que par ma puissance
Je regne sur les élémens;
L'enfer obéit en silence
A mes moindres commandemens.

BIRENE.

Je partage votre puissance,
Je regne sur les élémens;
L'enfer obéit en silence
A mes moindres commandemens.

PHANOR.

Tout est soumis à mon empire.

BIRENE.

Tout est soumis à notre empire.
Eh bien...

ACTE III, SCENE IV.

PHANOR.

Eh bien ?

BIRENE.

Deux enfants amoureux,
Pour peu que l'amour les inspire,
Sont plus habiles que nous deux.

PHANOR.

Non, non, deux enfants amoureux
Ne renversent point un empire.

BIRENE.

Oui, oui, deux enfants amoureux
Sont plus habiles que nous deux.

———

PHANOR.

Je dois tout confier à votre zele extrême.
Apprenez un secret qui doit vous rassurer :
Nul mortel dans la tour ne peut jamais entrer,
S'il n'est introduit par moi-même.

BIRENE.

Eh quoi ! vous seul pouvez ouvrir...

PHANOR.

Moi seul. Je ne crains rien.

BIRENE.

Et vous devez frémir,

PHANOR.

Comment ?

BIRENE.

En arrivant dans ces lieux, tout-à-l'heure,
J'ai découvert un jeune homme bien fait,
Qui mesuroit, d'un coup-d'œil inquiet,
La hauteur de cette demeure.

PHANOR.

De cette tour ?

BIRENE.

Oui, seigneur, je l'ai vu;
Il tenoit dans ses mains une fleche brillante,
Et son arc à ses pieds étoit déja tendu :
Sa marche paroissoit incertaine et tremblante;
Il évitoit d'être apperçu,
Et des pleurs baignoient sa paupiere.
Enfin, se croyant seul, il tire de son sein
Un billet qu'il attache à sa fleche légere;
Il couvre de baisers cette lettre si chere,
Puis il reprend son arc, et, d'une adroite main,
Il y pose ce trait, sa derniere espérance;
Leve les yeux, et vise au plus haut de la tour,
Pour y lancer la lettre de l'amour.
La fleche alloit voler... j'ai paru : ma présence

ACTE III, SCENE IV.

A fait fuir le timide amant;
Et le malheureux, en fuyant,
A laissé tomber cette lettre.

PHANOR.

Et vous l'avez?

BIRENE.

Je vais vous la remettre.
Lisez, seigneur.
(Elle lui donne une lettre.)

PHANOR lit.

« O ma chere Zélie !
« Sois fidele à ton Alamir.
« J'ai trouvé des amis qui bravent le génie :
« Je cours te venger ou mourir. »

BIRENE.

Ce billet seul eût empêché Zélie
D'écouter jamais votre amour.
Pour ne rien hasarder, faites garder la tour.
C'est sans doute Alamir, dont la main ennemie
Portoit ici ce billet odieux;
Il ne peut pas encore être loin de ces lieux :
Courez, volez à sa poursuite;
Devenez de ses jours l'arbitre souverain,
Et vous aurez alors un ôtage certain

Qui répond des projets que votre cœur médite.

PHANOR.

Ciel ! les moments sont chers... J'embrasse votre avis ;
Mais vous seule pouvez assurer ma vengeance ;
Tandis que je poursuis le rival qui m'offense,
Veillez dans cette tour contre mes ennemis.
 Puis-je espérer de l'amitié fidele
 Qui nous unit, ce service important ?

BIRENE.

Ouvrez-la moi, seigneur, et comptez sur mon zele.

  PHANOR, *allant ouvrir la tour.*

Que ne vous dois-je pas !

BIRENE.

    Nous n'avons qu'un instant ;
  (*La porte s'ouvre.*)
Hâtez-vous. Il suffit ; le reste est mon ouvrage.

PHANOR.

 Je vais rassembler mes soldats ;
Je me mets à leur tête, et je cours sur les pas
 Du téméraire qui m'outrage.

BIRENE.

Voilà le chemin qu'il a pris.

Elle lui montre le côté opposé à celui où sont Alamis
et Azurine.)

SCENE V.

BIRENE, AZURINE, ALAMIR.

BIRENE.

Accourez, Azurine; accourez, mon cher fils;
j'ai trompé le cruel génie.

AZURINE.

O ciel! que dites-vous? Eh quoi!...

BIRENE.

Viens avec moi délivrer ta Zélie.

ALAMIR.

Eh! quel bonheur...

BIRENE.

Tu sauras tout, suis-moi.

(Ils entrent tous trois dans la tour; aussitôt l'on entend
derriere la scene les soldats de Phanor, qui paroissent
avec lui et remplissent le théâtre.)

SCENE VI.

PHANOR, SOLDATS.

CHŒUR DE SOLDATS.

Vengeance ! vengeance !
Point de clémence ;
Que le traître expire à vos yeux.

PHANOR.

Cherchez l'ennemi qui m'offense,
Parcourez ces déserts affreux.

SOLDATS.

Parcourons, ces déserts affreux.
Tremble, tremble, malheureux :
Tu n'échapperas pas à notre vigilance.
Vengeance ! vengeance !
Que le traître expire à vos yeux.

(Le tonnerre gronde, la foudre tombe sur la tour, qui s'écroule. Birene, au milieu des éclairs, paroît debout sur les ruines de la tour.)

SCENE VII.

PHANOR, BIRENE, SOLDATS.

BIRENE.

Phanor, je t'ai vaincu dans ta propre science ;
  Toi-même as remis dans mes mains
  Le talisman de tes destins :
Je l'ai brisé, j'ai sauvé l'innocence.

PHANOR.

Tu me braves, perfide, après m'avoir trahi :
  Mais redoute encor ma colere ;
Je te voue à jamais une immortelle guerre,
Tu trouveras en moi par-tout un ennemi.
C'est en vain que je perds mon pouvoir, mon empire ;
Pour me venger de toi ma rage doit suffire :
Quel que soit le bonheur qui t'accompagne ici,
  Tremble tant que Phanor respire.
  (Il sort avec toute sa suite.)

BIRENE.

Va, je redoute peu ta colere inutile ;
Je défends les époux dont tu fis le malheur :

Je vais pour eux enchanter cet asyle,
Et les mettre à l'abri de ta vaine fureur.

(Birene, d'un coup de baguette, change ce désert horrible en un bocage délicieux. Tous les arbres sont des palmiers qui se tiennent par des guirlandes de fleurs, et conduisent à un kiosque charmant, sous lequel Azurine, Alamir et Zélie sont sur un trône superbe, entourés de toute la cour d'Azurine. Dès qu'ils apperçoivent Birene, ils courent à elle, et la musique commence.)

SCENE VIII.

AZURINE, BIRENE, ZÉLIE, ALAMIR, SUITE D'AZURINE.

FINALE.

(Tout le monde chante à Birene.)

Vous avez sauvé deux amants,
Leur cœur est votre récompense ;
Souffrez que leur reconnoissance
Éclate dans ces doux momens.

ACTE III, SCENE VIII.

BIRENE.

C'est moi qui vous dois, mes enfants;
En couronnant votre constance,
Je crois retrouver mon printemps :
Faire du bien dans ses vieux ans,
C'est prolonger son existence.

(L'on danse, et les deux amants conduisent Birene vers le trône, où ils la font asseoir : la toile tombe.)

F I N.

BLANCHE ET VERMEILLE;

PASTORALE

EN DEUX ACTES, EN VERS,

MÊLÉE DE MUSIQUE,

Représentée pour la premiere fois par les Comédiens Italiens ordinaires du Roi, le lundi 5 mars 1781.

A MADAME TRIAL.

Daignez recevoir un hommage
Que je vous dois depuis long-temps :
Vous avez sauvé du naufrage
Le plus aimé de mes enfants.
Hélas ! nos brillants petits-maîtres
Chérissent peu les chalumeaux,
Les bois, les prés, les clairs ruisseaux,
Les amours et les mœurs champêtres.
Ils cherchoient le bruyant plaisir
Qu'il faut à leur ame inquiete :
Et je n'avois qu'une houlette
Et des pipeaux à leur offrir.
Votre voix, si douce et si tendre,
M'a soutenu dans ce danger ;
Celui qui venoit pour juger
Ne vient plus que pour vous entendre.
Si mon ouvrage réussit,
Vous seule en avez le mérite :
C'est TRIAL que l'on applaudit,
Et l'heureuse BLANCHE en profite.

PERSONNAGES.

BLANCHE, bergere.
VERMEILLE, sa sœur.
UNE FÉE.
COLIN, amant de Blanche.
LUBIN, amant de Vermeille.
BERGERS ET BERGERES.

La scene est, au premier acte, dans la maison de Blanche ; au second, dans une forêt qui en est tout près.

BLANCHE ET VERMEILLE,

COMÉDIE.

ACTE PREMIER.

Le théâtre représente l'intérieur d'une maison rustique. Vermeille, assise, file au rouet sur le devant de la scene.

SCENE PREMIERE.

AIR.

VERMEILLE, *seule.*

Quel bonheur
Pour mon cœur
De toujours aimer,
De toujours charmer

L'objet qui m'engage ;
Dans un bon ménage,
De passer mes jours
Avec les amours,
La douce gaîté
Et la liberté !

(Lubin arrive, et écoute Vermeille sans être apperçu d'elle.)

SCENE II.

VERMEILLE, LUBIN.

VERMEILLE *continue*.

Parler sans cesse
De ma tendresse
A l'unique objet de mes vœux,
Lire dans ses yeux
La commune ivresse
Qui nous rend heureux...

(Lubin chante à demi-voix avec Vermeille.)

VERMEILLE ET LUBIN.

Quel bonheur
Pour mon cœur

De toujours aimer,
De toujours charmer
L'objet qui m'engage;
Dans un bon ménage,
De passer mes jours
Avec les amours,
La douce gaîté
Et la liberté !

***

VERMEILLE.

Ah ! te voilà, Lubin ! Je pense au mariage
　　Qui doit bientôt m'unir à toi.

LUBIN.

Tu dis toujours BIENTÔT, ma Vermeille ; j'enrage;
　　Ne m'as-tu pas donné ta foi ?
Orpheline à vingt ans, maîtresse de toi-même,
　　Pourquoi ne pas en profiter ?
　　Quand une fille a dit, OUI, J'AIME,
Un oui de plus ne doit pas lui coûter.

VERMEILLE.

Je suis de ton avis ; mais l'ordre de ma mere
　　Nous a prescrit de ne rien faire
Sans consulter la fée : il faut suivre ses loix.
Tu sais que cette fée, aussi bonne que sage,

Prit soin de nous dès notre premier âge;
Elle nous a redit cent fois :
« Mes filles, mon bonheur ne dépend que du vôtre :
« J'accomplirai toujours votre moindre souhait;
 « Et le prix de chaque bienfait
« Sera l'engagement d'en recevoir un autre. »

LUBIN.

Eh bien ! voici l'instant de demander Lubin.

VERMEILLE.

Je compte aussi l'aller trouver demain.

LUBIN.

Pourquoi pas aujourd'hui ? Sais-tu bien, mon amie,
Que nous perdons à réfléchir
Au moins les trois quarts de la vie ?
On balance long-temps avant que de choisir :
Souvent on choisit mal ; on se repent, on change ;
On trouve enfin ce qu'il faut à son cœur.
On perd encor du temps ; et puis, quand on s'arrange,
A peine reste-t-il quelques jours de bonheur.

VERMEILLE.

Je pense comme toi, mais sans être si vive ;
Et je veux, avant tout, en parler à ma sœur.

LUBIN.

Il faut bien que Blanche nous suive

Pour demander aussi mon bon ami Colin.
VERMEILLE.
Hélas ! je crains, mon cher Lubin,
Que Blanche ne soit plus la même.
Depuis huit jours, sur-tout, je la vois en secret
S'ajuster, se parer avec un soin extrême :
Elle gronde Colin, ne le voit qu'à regret...
De changer auroit-elle envie ?
Non, sans doute, et mon cœur à tort va s'alarmer.
Quand on est une fois convenu de s'aimer,
C'est un marché fait pour la vie.
LUBIN.
Blanche est un peu coquette ; et ce défaut charmant
Fait que, sans aimer son amant,
On le fait enrager : c'est un double avantage.
Je conviens que Colin est un peu soupçonneux ;
Ils auront de la peine à faire bon ménage...
Mais adieu, la voici ; parle-lui du voyage
Que nous devons faire tous deux.
Je vais m'y préparer, et je reviens te prendre.

(*Il sort.*)

SCENE III.

BLANCHE, VERMEILLE.

BLANCHE, *rappellant Lubin.*

Lubin, Lubin... il ne veut pas m'entendre;
Il me boude, je crois.
VERMEILLE.
Cela se pourroit bien;
Colin est son ami.
BLANCHE.
Ne vas-tu pas encore
Me parler de Colin, me dire qu'il m'adore?
Tu ne peux me reprocher rien :
Je n'aurois changé de ma vie,
Si j'avois pu guérir les soupçons de Colin;
Mais tu le sais, ma sœur, l'extrême jalousie,
Qui plaît d'abord, nous offense à la fin.
VERMEILLE.
Et tu veux devenir légere
Pour prouver qu'on a tort de soupçonner ta foi?

BLANCHE.

Eh! non, ma sœur.

VERMEILLE.

Blanche, sois plus sincere:
Crains-tu de rougir avec moi?
Je suis ta sœur, et ma tendresse
T'excusera toujours en donnant son avis.
De quoi serviroient les amis,
S'ils ne pardonnoient la foiblesse?

BLANCHE.

Eh bien! ma sœur, je vais te raconter
L'événement heureux dont je t'ai fait mystere;
Je craignois tes conseils et ton humeur austere:
Pardonne, et daigne m'écouter.

ROMANCE.

L'autre jour, au bord d'un ruisseau,
Je m'endormis sur l'herbe tendre;
Mon chien veilloit à mon troupeau,
Mon chien ne pouvoit me défendre.

Bientôt, aux accents les plus doux,
Je m'éveille toute surprise;
Je vois un prince à mes genoux,
Qui me dit d'une voix soumise:

« Vous qui devez donner des loix
« Dans les palais comme au village,
« Êtes-vous la nymphe des bois,
« A qui tout chasseur doit hommage ?

« Parlez, daignez me rassurer !
« Si vous n'êtes qu'une bergere,
« Sans cesser de vous adorer,
« J'oserai prétendre à vous plaire.

Ma sœur, c'étoit le souverain
Qui regne sur cette contrée.
Juge quel sera mon destin,
Si de lui je suis adorée.

VERMEILLE.
En vérité, ma sœur, je ne peux rien comprendre
A ce bonheur que tu sembles attendre.
BLANCHE.
Je te l'ai dit ; celui qui me parloit ainsi
Est le prince qui regne ici.
Songe donc qu'il m'adore, et que je peux prétendre
A partager son trône en acceptant sa main.

ACTE I, SCENE III.

VERMEILLE.

Toi, ma sœur?

BLANCHE.

Seroit-il le premier souverain
Épris d'une simple bergere?
Épouser ce qu'on aime, est-ce un effort si grand?
L'amour ne connoît point de rang :
Le plus beau titre c'est de plaire.

VERMEILLE.

Mais Colin...

BLANCHE.

Je saurai le combler de bienfaits;
Malgré tous ses défauts, malgré sa jalousie,
Je l'aime, et je ferai le bonheur de sa vie
En le rendant riche à jamais.

VERMEILLE.

Tu t'abuses, ma sœur; rien ne nous dédommage
De la perte d'un cœur qu'on a cru posséder.
Pardon, si j'ose te gronder;
Mais tu devrois faire un voyage
Chez cette fée aimable et sage
Qui prit soin de nous élever
Bien mieux qu'il ne convient à de simples bergeres.

Tu sais depuis long-temps que nous lui sommes cheres,
Allons la voir.

BLANCHE.

Crois-tu qu'elle daigne approuver
Que je quitte les champs pour aller à la ville?...
Tu ne me réponds pas... Mais toi-même, à la fin,
Donne-moi ton avis.

VERMEILLE.

Il seroit inutile;
Je pense là-dessus comme feroit Colin.

BLANCHE.

Le voici: je crains sa colere,
Laisse-moi l'éviter.

VERMEILLE.

Non, ma sœur, au contraire,
Il faut parler. Je vous laisse tous deux:
Blanche, quand on devient volage,
Il faut au moins conserver le courage
D'en avertir l'objet que l'on rend malheureux.

SCENE IV.
BLANCHE, COLIN.

BLANCHE.

C'est vous, Colin ! vous venez de bonne heure.

COLIN.

Je serois arrivé déja depuis long-temps,
 Si les chemins de ma demeure
N'étoient embarrassés des chevaux et des gens
 Du prince qui vient à la chasse.

BLANCHE, *vivement*.

Il y revient encore ?

COLIN.

   Il y vient chaque jour.
Chaque forêt pourtant devroit avoir son tour ;
Mais c'est toujours le nôtre. On ne voit plus de place
 Où le gazon puisse fleurir ;
Ils ont tout abimé : le tumulte effroyable
Et des chiens et des cors qu'on entend retentir,
 Forcent les troupeaux de s'enfuir ;
 C'est un tapage épouvantable.

En vérité, le prince est fort aimable,
Mais il fait bien du bruit quand il a du plaisir.

BLANCHE.
De quel côté la chasse viendra-t-elle ?

COLIN.
Ne voulez-vous pas y courir ?
Vous n'en manquez pas une ; et vous savez, cruelle,
Combien vous me faites souffrir :
Vous oubliez...

BLANCHE.
Vous oubliez vous-même
Qu'hier encore à mes genoux
Vous m'avez fait serment de n'être plus jaloux.

COLIN.
Oh ! je ne le suis plus : mais ma prudence extrême
Voudroit que vous fussiez toujours seule avec moi.
Si l'on vous voit, il faudra qu'on vous aime ;
Et vous trahirez votre foi,
J'en suis sûr...

BLANCHE.
Mais, Colin, vous mêlez un outrage
A des discours qui séduiroient mon cœur.
Je vous le dis avec douceur :
Cet esprit inquiet, soupçonneux et sauvage,

Ne peut faire que mon malheur;
Il faut y renoncer.

COLIN.

J'entends trop ce langage.
Tout déplaît dans celui que l'on cesse d'aimer;
Mes défauts n'étoient rien quand je sus vous charmer.
Souvenez-vous combien vous étiez différente;
Mes plaisirs, mes chagrins, vous vouliez tout savoir:
J'étois sûr, en allant vous voir,
De trouver près de vous l'amitié consolante.
Vous aimiez tant à pénétrer
Dans ma plus secrete pensée!
Et si j'étois jaloux, loin d'en être blessée,
Le plaisir de me rassurer
L'emportoit sur la peur de vous voir offensée.
Mais aujourd'hui vous voulez me trahir:
Vous cherchez un prétexte, et votre ame légere
Ne veut exciter ma colere
Que pour avoir le droit de m'en punir.
Épargnez-vous une peine cruelle;
Lorsque l'on peut être infidele,
On doit le dire sans rougir.

BLANCHE.

Eh bien! Colin, pourquoi tant de foiblesse?

Oubliez un objet trop indigne de vous;
  En me délivrant d'un jaloux,
  En cherchant une autre maîtresse,
Votre sort et le mien n'en seront que plus doux.

COLIN.

Je suivrai vos conseils; et dès demain peut-être...

BLANCHE.

Dès aujourd'hui, vous en êtes le maître.

DUO.

COLIN.

Adieu, perfide, pour jamais.

BLANCHE.

Adieu, Colin; bon voyage.

COLIN.

Adieu, perfide; adieu, volage :
Oui, je vous quitte sans regret.

BLANCHE.

Mais partez donc.

COLIN.

  Oui, je m'en vais.

BLANCHE.

Mais partez donc.

COLIN.

  C'est pour jamais.

(Il s'en va, et revient.)

ACTE I, SCENE IV.

BLANCHE.

Que voulez-vous?

COLIN.

Ce n'est pas moi
Qui romps une chaîne si belle.

BLANCHE.

Votre jalousie éternelle
Me force de trahir ma foi.

COLIN.

Amour, amour, ce n'est pas moi
Qui romps une chaîne si belle.

BLANCHE.

Mais partez donc.

COLIN.

Oui, je m'en vais.
Adieu, perfide ; adieu, volage.

BLANCHE.

Adieu, Colin ; bon voyage.

COLIN.

Oui, je vous quitte pour jamais.

(*Il sort.*)

SCENE V.

BLANCHE, *seule.*

Il va bientôt revenir sur ses pas
   Chercher le pardon... qu'il mérite.
Il s'éloigne pourtant. S'il ne revenoit pas...
Je saurois l'en punir... Il s'éloigne plus vîte...
Il suffit. Pour me voir, le prince est dans ces lieux;
   Dès aujourd'hui j'écouterai ses vœux.
Tu gémiras, Colin, de m'avoir offensée.
Il pourra m'en coûter ; je sens....

SCENE VI.

BLANCHE, VERMEILLE, LA FÉE;
LUBIN, *derriere tout le monde.*

VERMEILLE.

                Voici la fée ;
Sa bonté nous prévient, ma sœur.

ACTE I, SCÈNE VI.

LA FÉE.

Oui, mes filles, j'ai su que votre jeune cœur
Auroit à m'avouer quelque tendre foiblesse :
Je me suis mise en route ; et, malgré ma vieillesse,
Le desir de vous voir m'a rendu ma vigueur.

VERMEILLE.

Asseyez-vous ; voici le fauteuil de ma mere ;
Nous croyons la revoir.

LA FÉE.

Elle m'étoit bien chere,
Et je pleure encor son trépas. (*Elle s'assied.*)
Venez donc m'embrasser ; je vous trouve embellies ;
Tant mieux, j'aime à vous voir jolies.
L'amitié fait jouir des biens que l'on n'a pas.
Ne songez qu'à m'aimer ; moi, par ma vigilance,
Je saurai du malheur détourner les effets.
Nous aurons deux emplois : vous, la reconnoissance ;
Et moi, le doux soin des bienfaits.

AIR.

Le seul plaisir de mon âge,
C'est de rendre heureux mes enfants ;
Leur bonheur me dédommage
De la perte de mes beaux ans.

Le temps à mon cœur n'ôte rien,
Je le sens à ma tendresse ;
Je crois retrouver ma jeunesse
Lorsque je peux faire du bien.

VERMEILLE.
Aimez-nous donc beaucoup pour plutôt rajeunir.
LA FÉE.
Ah ! je n'ai pas cessé de vous chérir.
Lorsque j'élevai votre enfance,
Je vous donnai des vertus, de l'esprit,
Présent plus cher que l'opulence,
Mais qui ne suffit pas ; car l'esprit, sans prudence,
Au delà du vrai but trop souvent nous conduit.
Enfin, voi-ci l'instant d'assurer pour la vie
Et l'état et le sort que votre cœur envie ;
Ne m'interrompez point, je vais vous en parler...
Je bavarde un peu trop, je le sens bien moi-même ;
Mais je suis vieille et je vous aime,
Et voilà deux raisons pour beaucoup babiller.
BLANCHE.
Comptez sur le respect...
VERMEILLE.
Comptez sur la tendresse

ACTE I, SCENE VI.

Qui grave toujours là votre moindre leçon.

LA FÉE.

(*Elle voit Lubin.*)

Nous sommes en famille... Eh ! quel est ce garçon ?
Dis-moi.

VERMEILLE.

Si vous savez tout ce qui m'intéresse,
Vous vous doutez sûrement qu'il sera
Bientôt de la famille.

LUBIN, *saluant la fée.*

Et qu'il vous aimera,
Si vous le permettez, madame.

LA FÉE.

J'y consens de toute mon âme.
Écoutez-moi ; mon art n'est pas bien grand;
Tu le vois, ma chère Vermeille,
Mon âge en est un sûr garant :
Car, vous n'en doutez pas, quand une femme est vieille,
Elle n'a pu faire autrement.
J'aurai le pouvoir cependant
D'accomplir le souhait le plus cher à votre âme.
Voyez quel désir vous enflamme;
Demandez et soyez sûrs de l'obtenir.
Allons, c'est à vous de choisir;

BLANCHE ET VERMEILLE.

Votre attente sera remplie ;
Mais prenez garde à ce souhait ;
Les biens ou les maux de la vie
Viennent presque toujours du premier choix qu'on fait.

LUBIN, *bas à Vermeille.*

Que vas-tu demander ? Mon cœur est dans la peine.

VERMEILLE.

Va, je ne suis pas incertaine.

QUATUOR.

VERMEILLE.

Le bonheur que Vermeille envie,
C'est d'être épouse de Lubin,
D'avoir une maison jolie,
Un troupeau, des prés, un jardin.

VERMEILLE ET LUBIN.

Nous y passerons notre vie
A nous aimer, à vous bénir ;
Voilà le bonheur que j'envie,
Voilà notre unique desir.

LA FÉE.

Ma fille, je suis attendrie ;
De bon cœur j'exauce tes vœux :
Dès ce soir vous serez heureux,

ACTE I, SCENE VI.

VERMEILLE ET LUBIN.
Dès ce soir nous serons heureux,
Et nous le serons pour la vie;
Dès ce soir nous serons heureux.

LA FÉE.
Blanche, c'est à toi de m'instruire
De ce qu'il faut pour ton bonheur.

BLANCHE.
Hélas! je n'ose pas vous dire
Le desir qu'a formé mon cœur.

LA FÉE.
Il faut pourtant bien m'en instruire.

BLANCHE.
Vous connoissez le souverain
Qui regne sur cette contrée.

LA FÉE.
Eh bien?

BLANCHE.
J'en suis adorée;
Je desire obtenir sa main.

LA FÉE.
Tu veux régner, pauvre insensée!

BLANCHE.
Remplissez le vœu de mon cœur.

LA FÉE.
Je lis trop bien dans ta pensée,
Et j'ai pitié de ton erreur.
BLANCHE.
Daignez m'accorder mon bonheur,
Si vous lisez dans ma pensée.
LA FÉE.
Prends ce jour pour bien réfléchir
Au vain objet de ton désir.
Si tu veux, ce soir, être reine,
Tu verras tes vœux accomplis.
BLANCHE.
Je conçois mon bonheur à peine;
Dès ce soir je serai reine.
LA FÉE.
Si tu veux, tu seras reine.
VERMEILLE ET LUBIN.
Dès ce soir nous serons unis.
LA FÉE.
Dès ce soir vous serez unis.
(Ils s'en vont.)

FIN DU PREMIER ACTE.

ACTE II.

Le théâtre représente une forêt. L'on a entendu pendant l'entr'acte le bruit de la chasse du prince.

SCENE PREMIERE.

BLANCHE, *seule*.

AIR.

Enfin je vais donc à la cour,
Des plaisirs la troupe charmante
Doit habiter ce beau séjour :
J'y serai l'objet chaque jour
De la fête la plus brillante.
Je vais régner; et mon ame contente
N'aura pas besoin de l'amour.

Eh quoi! j'abandonne l'asyle
Où je passai mes premiers ans !
Je vais quitter ce bois tranquille
Où le plus soumis des amants
Grava sur l'écorce fragile
Mon nom et mes premiers serments!

Hélas!... Mais je vais à la cour.
Des plaisirs la troupe charmante
Doit habiter ce beau séjour ;
J'y serai l'objet chaque jour
De la fête la plus brillante.
Je vais régner; et mon amie contente
N'aura pas besoin de l'amour.

―――――

Je n'ai point vu le prince ; et la chasse est finie :
Il me cherche, sans doute.

═════════

SCÈNE II.

BLANCHE, LA FÉE.

LA FÉE.

Eh bien! ma chere amie,
As-tu fait tes adieux? Partons-nous pour la cour?
BLANCHE.
Quand vous voudrez : mais avant tout, ma mere,
Je crois qu'il seroit nécessaire
De connoître un peu ce séjour.

ACTE II, SCENE II.

LA FÉE.
Il est difficile peut-être
De le bien définir; il change à tout moment.
  Presque toujours c'est un pays charmant;
Tout le monde est heureux ou cherche à le paroître;
On se déteste un peu, mais c'est si poliment!
  On s'embrasse sans se connoître,
  On se détruit l'un l'autre doucement.
Parents, belles, amis, tous n'ont qu'un sentiment,
C'est de se supplanter en secret près du maître.

BLANCHE.
Mais quand le prince enfin m'aura donné sa foi
  Par le plus brillant hyménée,
  Quelle sera ma destinée?
Vous le savez.

LA FÉE.
  Sans doute; écoute-moi:

AIR.

Une jeune et belle princesse
Ne fait rien qu'avec dignité;
Le respect l'entoure sans cesse
Pour tenir bien loin la gaîté.
L'étiquette doit la conduire;

Car, sans elle, point de grandeur ;
Si la princesse veut sourire,
Il faut l'avis de la dame d'honneur.

BLANCHE.

Mais cependant...

LA FÉE.

Viens en juger toi-même,
Partons.

BLANCHE.

Quand je serai dans cette gêne extrême,
Si par hasard j'allois me repentir
D'avoir quitté...

LA FÉE.

Qui donc ?

BLANCHE.

Ma sœur et mon village...

LA FÉE.

Eh bien ?

BLANCHE.

Pourrois-je revenir ?

LA FÉE.

Non, la grandeur est un noble esclavage
Dont on ne peut jamais sortir.

ACTE II, SCENE II.

Mais partons, il est temps... Qu'as-tu donc?

BLANCHE.

Je regrette
Un amant qui vouloit s'attacher à mon sort;
  Mon départ va causer sa mort.

LA FÉE.

Qui? Colin?

BLANCHE.

Oui, c'est lui.

LA FÉE.

N'en sois pas inquiete;
Il est tout consolé.

BLANCHE.

Qui vous l'a dit?

LA FÉE.

Colin.
Quand il a su que ce matin
Tu m'avois demandé de devenir princesse,
  Il est venú me supplier soudain
D'éteindre par mon art sa trop vive tendresse.

BLANCHE.

Et vous l'avez...

LA FÉE.

Guéri.

BLANCHE.
Ce n'étoit pas pressé.
LA FÉE.
Cela l'étoit beaucoup; car tu conviens toi-même
Qu'il auroit pu mourir de sa douleur extrême.
Heureusement, le péril est passé :
Il va se marier à la jeune Lucette,
Qui depuis si long-temps a pour lui de l'amour.
BLANCHE.
Il va se marier ?
LA FÉE.
Oui, dans ce même jour.
Sitôt que je t'aurai conduite à cette cour,
Je reviendrai pour être de la fête.
BLANCHE.
Je ne l'aurois pas cru. Quoi ! dans si peu d'instants
Colin s'est consolé !
LA FÉE.
Pour l'oublier toi-même,
Il te fallut encore moins de temps.
D'ailleurs, c'est un effort suprême
De mon art, qui peut seul détruire tant d'amour :
Sans moi, Colin t'aimoit jusqu'à son dernier jour.
Mais, graces à mes soins, il épouse Lucette.

ACTE II, SCENE II.

Te voilà bien tranquille, et sur-tout satisfaite.
Partons, car il est tard.

BLANCHE.

    Je ne veux plus partir.
Vous seule avez causé mon infortune affreuse;
C'est par vos seuls bienfaits que je suis malheureuse:
 Laissez-moi, laissez-moi mourir.

LA FÉE.

Je n'ai jamais contrarié personne:
Tu me chasses, je pars; tu me rappelleras,
 Je reviendrai, car je suis bonne:
Avant la fin du jour toi-même en conviendras.

       (*Elle sort.*)

SCENE III.

BLANCHE, *seule*.

Colin ne m'aime plus... Je sens que je l'adore:
Mon malheur est au comble; et je l'ai mérité.
Dois-je quitter ces lieux? dois-je chercher encore
A regagner un cœur tant de fois rejetté?
 Faut-il m'exposer à l'outrage...

(On entend dans le lointain une musique champêtre.)

Mais quels accents... Je vois venir
La noce de ma sœur avec tout le village ;
Cachons-nous, à leurs yeux j'aurois trop à rougir.
(*Elle se cache parmi les arbres.*)

SCENE IV.

LA FÉE, VERMEILLE, LUBIN, BERGERS ET BERGERES.

(Ils entrent en chantant.)

LES BERGERS.

Célébrons le doux mariage
Qui va rendre heureux leur destin.
Vermeille épouse Lubin ;
Ah ! qu'ils vont faire bon ménage !
Vermeille épouse Lubin ;
L'amour leur promet un bonheur sans fin.

LA FÉE.

Mes enfants, j'ai rempli vos vœux ;
De l'hymen la chaîne vous lie :

ACTE II, SCENE IV.

Aimez-vous, aimez votre amie,
Nous serons tous les trois heureux.

LES BERGERS ET LES BERGERES.

Célébrons le doux mariage
Qui va rendre heureux leur destin.
  Vermeille épouse Lubin ;
Ah ! qu'ils vont faire bon ménage !

VERMEILLE ET LUBIN, *à la fée.*

Nous pensions, dans un si beau jour,
Qu'amour seul se feroit entendre ;
Mais votre amitié vive et tendre
Parle à notre cœur autant que l'amour.

LES BERGERS ET LES BERGERES.

Célébrons le doux mariage
Qui va rendre heureux leur destin.
  Vermeille épouse Lubin ;
Ah ! qu'ils vont faire bon ménage !
  Vermeille épouse Lubin ;
L'amour leur promet un bonheur sans fin.

―――

LA FÉE.

Ma promesse n'est pas remplie,
Mes chers enfants : je viens de vous unir,
Mais je vous dois encore une ferme jolie,

Et la voici.

(Elle frappe de sa baguette, et l'on voit paroître une colline sur laquelle est une ferme de l'aspect le plus riant.)

Vous pouvez en jouir.
Tout ce qu'il faut aux besoins de la vie
S'y trouve rassemblé. Le jardin est ici :
Voyez plus loin dans la prairie
Ce troupeau de moutons ; il est à vous aussi :
Voilà des champs semés près de votre retraite.
Votre félicité commence dès ce jour :
Ce n'est pas moi qui dois l'achever, c'est l'amour,
Et je n'en suis pas inquiète.

(*Elle veut s'en aller.*)

VERMEILLE.

Vous nous quittez ?

LA FÉE, *à voix basse.*

Je vais chercher Colin.
Colin pleure toujours sa volage maîtresse ;
Vous prendrez soin de son destin,
N'est-il pas vrai ? Son sort vous intéresse ;
Il restera chez vous, vous serez son appui ;
Et vous aurez soin devant lui
De ne pas parler de tendresse.

(*Elle sort.*)

SCENE V.

LUBIN, VERMEILLE, LES BERGERS.

LUBIN.

Mais comment faire ? il nous verra.

VERMEILLE.

Ah ! nous ferons tout ce qu'elle voudra.
Mais, mon ami, quelle richesse extrême !
Regarde : des brebis, une ferme, des champs ;
Et tout le village nous aime.

LUBIN.

Tout cela c'est ta dot.

VERMEILLE.

Écoutez, mes enfants :
La bonne fée a dit que la ferme est garnie
De tout ce qu'il nous faut pour bien passer la vie ;
Pour que tous nos vœux soient remplis,
Venez jouir de ses largesses :
On ne peut aimer les richesses
Que pour les partager avec ses bons amis.

LUBIN.

Elle a toujours raison, suivons tous son avis.

(Ils montent tous la colline en chantant.)

CHŒUR.

VERMEILLE ET LUBIN.

Venez, venez avec nous,
L'amitié vous appelle.

LES BERGERS.

Suivons, suivons deux époux
Qui seront notre modele.

VERMEILLE ET LUBIN.

L'amitié vous appelle,
Venez, venez avec nous.

LES BERGERS.

Le plaisir nous appelle,
Suivons un guide si doux.

VERMEILLE ET LUBIN.

Souvenez-vous que chaque année
Ce même jour nous verra réunis.

LES BERGERS.

Oui, Vermeille; et cette journée
Sera la fête du pays.

ACTE II, SCENE V.

VERMEILLE ET LUBIN.

Venez, venez avec nous,
L'amitié vous appelle.

LES BERGERS.

Suivons, suivons deux époux
Qui seront notre modele.

(Ils entrent dans la ferme. Blanche, cachée dans le bosquet, a vu monter la montagne à toute la noce de sa sœur. Elle revient sur le théâtre; la fée paroît dans le fond tenant Colin par la main : ils examinent et écoutent Blanche sans être apperçus d'elle.)

SCENE VI.

BLANCHE, LA FÉE, COLIN.

BLANCHE, *qui se croit seule.*

Je ne peux habiter plus long-temps cet asyle;
Tout y semble aigrir ma douleur :
Leurs plaisirs vrais et leur bonheur tranquille
Sont un reproche pour mon cœur.
Fuyons... Eh quoi ! l'heureux sort de ma sœur
Rend-il ma peine plus affreuse ?
Hélas ! quand on est malheureuse,

Tout parle de notre malheur.
Que devenir ? Quel chemin dois-je suivre ?
Ah! si la fée...

LA FÉE, *se montrant ; Colin reste derriere.*

Eh bien ! me voilà ; que veux-tu ?

BLANCHE.

Secourez-moi, j'ai tout perdu :
Colin ne m'aime plus, je n'y pourrai survivre.

LA FÉE.

C'est toi qui l'as quitté.

BLANCHE.

Je le sais trop, hélas !
Et je l'aimois pourtant plus que ma vie.
Prenez pitié de Blanche, elle est assez punie ;
Et souffrez que du moins je m'attache à vos pas :
J'aurai soin de votre vieillesse,
Je n'aimerai que vous ; mon respect, ma tendresse
Seront mes seuls plaisirs jusques à mon trépas.

LA FÉE.

Quand on a du chagrin, comme on a le cœur tendre !
Allons, viens, donne-moi le bras.

(*Elles se mettent en marche.*)

COLIN.

Arrêtez, arrêtez.

ACTE II, SCENE VI.

BLANCHE.

Ciel! que viens-je d'entendre?
(*Elle se jette dans les bras de la fée.*)

LA FÉE.

Eh bien! Blanche, qui te retient?
C'est ici le chemin qui mene à ma demeure...
Quoi! tu m'aidois à marcher tout-à-l'heure,
Et c'est mon bras qui te soutient!

COLIN.

Vous, qui méprisâtes mes larmes,
Et vos serments et mon amour,
Est-il bien vrai que dans ce jour
Vous vouliez finir mes alarmes?
Un mot, un seul mot me suffit:
J'oublierai tout, tout, excepté vos charmes;
Ce mot, vous l'avez déja dit,
Répétez-le du moins.

BLANCHE.

Le malheur qui m'accable
Fut mérité par moi; je saurai le souffrir.
Laissez-moi, laissez-moi vous fuir.

COLIN.

Si c'est vous qui fûtes coupable,
Pourquoi voulez-vous me punir?

BLANCHE ET VERMEILLE.

LA FÉE.

Écoute-moi, ma chere amie;
Tu n'as point fait ce vœu que je dois accomplir:
Demande ce qui peut rendre heureuse ta vie;
Je te donne encore à choisir.

BLANCHE.

Je m'en garderai bien; j'aime mieux ma souffrance
Que de voir Colin me chérir
Par l'effet de votre puissance.

COLIN, *à genoux*.

Colin n'aima jamais que toi,
Même pendant le temps où mon ame inquiete...

BLANCHE.

Vous n'épousez donc pas Lucette?

COLIN, *surpris*.

Lucette, ô ciel!

LA FÉE.

Colin, pardonne-moi:
J'imaginai cette imposture
Pour la punir de son manque de foi.

BLANCHE, *à Colin*.

Mon cœur m'en punissoit.

LA FÉE.

Te voilà donc bien sûre

ACTE II, SCENE IV.

Que l'on fait toujours son malheur
En se laissant guider par la coquetterie.
Toi, tu vois qu'en amour l'extrême jalousie,
Même lorsque l'on plaît, peut éloigner un cœur.

FINALE.

LA FÉE.

Mes chers enfants, je vais combler vos vœux,
Je vais finir toutes vos peines ;
Je vous unis, soyez heureux.

BLANCHE ET COLIN.

Pour jamais nous sommes heureux.

TOUS TROIS.

De l'hymen les douces chaînes
Feront le bonheur de tous deux.

BLANCHE.

Suis-je toujours, comme autrefois,
De ton cœur la seule maîtresse ?

COLIN.

Colin t'a gardé sa tendresse ;
Il ne la donne pas deux fois.

BLANCHE ET COLIN.

Soyons époux, soyons heureux,
Ce jour va finir nos peines ;

De l'hymen les douces chaînes
Rendent le bonheur à tous deux.

(Pendant ce temps la fée monte à la ferme; elle frappe à la porte et appelle tout le monde.)

SCENE VII.

BLANCHE, COLIN, VERMEILLE, LUBIN, LA FÉE, TOUS LES BERGERS.

LA FÉE.

Venez, venez recevoir votre sœur.

VERMEILLE.

Oui, c'est ma sœur;
Ah! quel bonheur!

TOUS.

Courons, courons recevoir votre sœur.

(Ils descendent en courant la colline.)

VERMEILLE.

Embrasse-moi, ma bonne amie.

BLANCHE.

Suis-je de vous toujours chérie?

ACTE II, SCENE VII.

VERMEILLE ET LUBIN.

Nous t'aimerons toute la vie.
Chantez, chantez le retour de ma sœur.

TOUS.

Chantons, chantons le retour de sa sœur.

LA FÉE, à *Blanche*.

Que ton cœur jamais n'oublie
Que ce n'est pas la grandeur
Qui rend heureuse la vie.

BLANCHE.

Non, non; j'abjure mon erreur.

TOUS.

Non, non, ce n'est pas la grandeur
Qui rend heureuse la vie ;
C'est l'amour qui fait le bonheur.

(*On danse.*)

FIN.

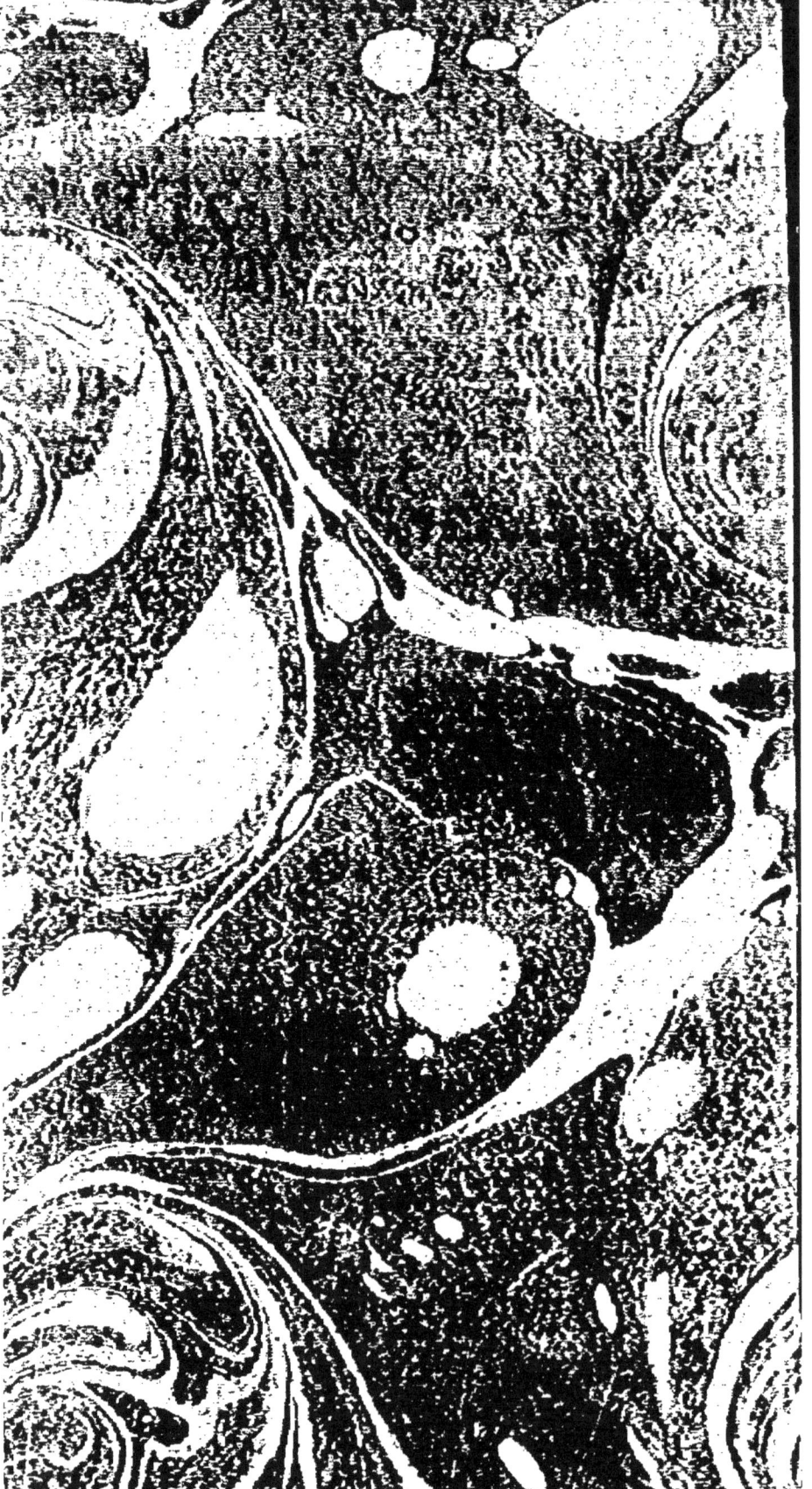

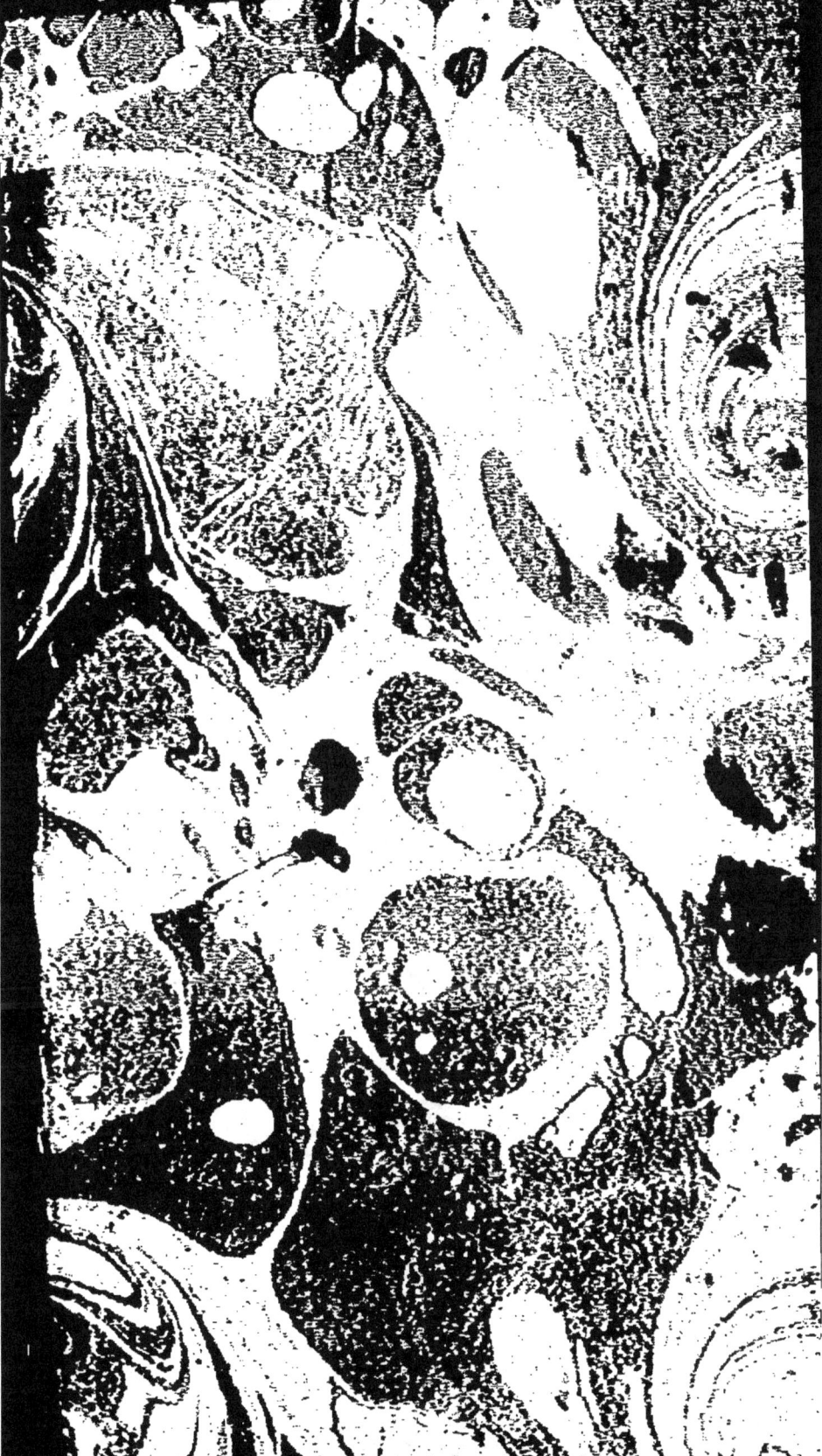

www.ingramcontent.com/pod-product-compliance
Lightning Source LLC
Chambersburg PA
CBHW051921160426
43198CB00012B/1987